KB208834

화가 사르르 풀리는 책

도다 구미 지음
히다카 나오토 그림
서재리 옮김

길벗

머리말

자꾸 화가 나서 고민인가요? 직장이나 주변에 싫은 사람이 있을 때, 누군가 업무 실수를 했을 때, 일이 계획대로 진행되지 않을 때, 이상과 현실의 차이를 느낄 때 등등 우리는 일상 속 다양한 상황에서 '분노'가 끓어오르게 하는 문제를 맞닥뜨립니다.

저는 20만 명이 넘는 사람들에게 다른 이를 이해하는 데 필요한 커뮤니케이션 방법을 전해왔습니다. 강연 대상은 경영자부터 임원, 직원, 학생에 이르기까지 다양합니다. 다양한 계층의 사람들을 만나면서, 분노는 남녀노소 할 것 없이 누구나 느끼는 당연한 감정이라는 사실을 새삼 실감하고 있습니다.

분노를 쌓아두면 매일매일이 괴로워집니다. 하지만 분노는 마음먹기에 따라 조절할 수 있다는 사실을 알고 계신가요?

끓어오르는 분노를 잘 다스리는 일은 누구에게나 중요합니다. 화를 참거나 외면하기보다 원인을 파악해 감정을 솔직하게 받아들이고 필요하다면 상대방이 알 수 있도록 화난 감정을 전달해야 합니다. 그렇게 된다면 자연스레 분노에 휘둘리지 않을 수 있습니다.

저는 분노를 다스리는 방법으로 심리 교육이자 심리 트레이닝인

'앵거 매니지먼트'를 강연과 컨설팅을 통해 전문적으로 전달하고 있습니다. 일본 앵거 매니지먼트 협회에서 진행하는 이 분노 관리 강좌를 누적 170만 명이 체험했으며 참가자들에게 매일 이런 이야기를 전해 듣습니다.

"인간관계로 고민하는 일이 크게 줄어들었어요."

"저와 생각이 다른 사람한테서 받는 스트레스가 사라졌어요."

"분노에 휘둘리지 않게 됐어요."

분노를 관리하는 데 익숙해지면 화가 잘 나지 않는 성향으로 바뀔 수도 있습니다.

이 책에서는 '앵거 매니지먼트' 프로그램의 사고방식과 방법을 기반으로, 평소 제가 강연에서 전하는 분노에 휘둘리지 않는 비결을 소개합니다.

1장에서는 분노를 잘 다스리는 방법을 전합니다. 대체 분노란 무엇인지, 화가 치밀 때 어떻게 대처해야 하는지, 분노를 느끼더라도 원만한 인간관계를 유지하기 위해서는 어떻게 해야 하는지 등을 알려줍니다. 지금까지와 다른 시각으로 바라보면 분노라는 감정이

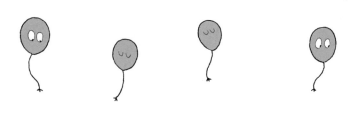

사랑스럽게 느껴질지도 모릅니다. 분노라는 감정을 자신의 성장을 위한 원동력으로 쓸 수도 있습니다.

2장에서는 끓어오르는 분노를 가라앉히는 방법에 관해 이야기합니다. 분노에 휘둘리기보다 분노를 누그러뜨릴 수 있도록 분노에 등급을 매겨보거나, 마음을 진정시키는 문구를 만들고, 거울을 보고 입꼬리를 올려보는 것처럼 누구나 할 수 있는 방법을 중심으로 안내합니다. 간단해 보이지만 꾸준히 실천하다 보면 점점 분노를 긍정적으로 바라보게 됩니다.

3장에서는 화가 잘 나지 않는 성향으로 바꾸는 방법을 다룹니다. 화가 나지 않도록 생활 습관을 정비하는 방법을 소개하는데 누구나 실천할 수 있는 쉬운 방법으로, 실천하다 보면 몸도 마음도 건강해집니다. 행복한 기분으로 잠들기 위한 팁도 소개하니 꼭 시도해보세요.

4장에서는 인간관계에서 분노를 줄이는 방법을 설명합니다. 나를 억누르려는 사람을 만났을 때, 다른 사람의 강한 분노에 휩쓸릴 것 같을 때, 사적 질문 때문에 난감할 때 등 곤란한 상대를 마주했을 때 대처하는 법도 두루 언급합니다. 어떻게 반응해야 하는지 알아두면 괜히 짜증을 낼 필요가 없어집니다.

5장에서는 기분을 좋아지게 하는 방법을 알아봅니다. 평소 자신의 기분을 들여다보고 관리하고 있나요? 사실 스스로를 만족시키는 일은 매우 중요합니다. 나를 돌보는 시간을 갖거나 꽃 혹은 향기를 활용해 편안한 기분을 느끼게 하는 등 바쁘다는 핑계로 소홀해지기 쉬운 휴식법을 살펴봅니다. 나만을 위한 시간을 가지면, 자연스레 화를 잘 내지 않게 되고 사소한 것에도 분노에 휩쓸리는 일이 훨씬 줄어듭니다.

나의 하루하루는 소중합니다. 그런 만큼 행복하게 보내는 시간이 많아야겠지요. 책 전체에 걸쳐 쉽게 실천할 수 있는 내용을 중심으로 다루었으니 흥미가 느껴지는 방법부터 꼭 실천해보세요.

이 책이 무작정 화만 내는 삶에서 벗어나는 데 도움이 된다면 더없이 기쁠 듯합니다.

2023년 3월, 도다 구미(戸田久実)

목차

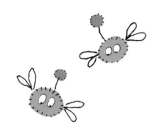

2 장 **분노를 가라앉히는 방법**

3장 **화가 잘 나지 않는 성향으로 바꾸는 방법**

4 장 인간관계에서 분노를 줄이는 방법

 5 장   **기분을 좋아지게 하는 방법**

화내지 않는 방법

1 - 11
—————
100

1 장

분노를 잘
다스리는 방법

우선 6초 기다리기

화가 날 때는 6초만 기다리세요.

6초가 지나면 이성이 작용하면서 분노에 휘둘리지 않게 되거든요.

화날 때 가장 조심해야 하는 것은 감정에 휩쓸려 행동하는 것입니다. 혹시 화가 났을 때 물건에 대고 화풀이를 하거나 남에게 상처 주는 말, 상대방을 공격하는 언행, 폭력적 행동을 하고 후회한 적은 없나요?

화에 떠밀려 충동적 행동을 반복하면, 남에게 상처를 줄 뿐 아니라 내가 남들에게 가까이하고 싶지 않은 사람이 되거나 상대와 관계가 틀어지는 등 좋을 것이 하나도 없습니다.

그러니 화가 치밀어 오른다면 우선 6초만 참고 기다려보세요. 이성이 돌아오는 것을 느낄 수 있을 거예요.

원만한 인간관계를 유지하기 위해서도, 분노에 휘둘리는 것을 막기 위해서도 '6초 기다리기'를 기억해둡시다.

화를 자연스럽게 여기기

화는 인간과 떼려야 뗄 수 없는 자연스러운 감정입니다.

그러니 화라는 감정을 부정할 필요는 없어요. 화를 좋지 않은 감정이라고 생각하기 쉽지만 분노를 느끼거나 그것을 표출하는 행위 자체는 절대 나쁜 게 아닙니다.

계속 참다 마음의 병이 생기는 것보다 나을 수도 있습니다. 가슴이 답답할 정도로 화를 억누르다 보면 어느 순간 버티지 못하고 폭발해버립니다. 화를 감추는 자신이 싫어지거나 자신을 있는 그대로 받아들이기 힘들어질 수도 있습니다.

억지로 누르기보다 화를 잘 내는 것이 포인트입니다. 자신이 어떻게 느꼈고 자신에게 어떻게 해주었으면 좋겠는지 상대방에게 전달하세요. 이때 중요한 점은 지나치게 감정적으로 이야기하지 않는 것입니다. 적절하게만 표현한다면 상대방과 관계가 나빠질 일도 없습니다. 화를 표출함으로써 나의 진심이 상대방에게 전해지기도 합니다.

그러므로 화가 올라온다면 우선은 '자연스러운 일'이라고 받아들이세요.

화내는 나를 이해하기

분노는 자신을 지키기 위한 감정, 즉 방어 감정이기도 합니다. 사람에게는 심신의 안정과 안전이 위협받을 때 분노로 대응하는 본능이 있다는 사실을 알고 계신가요? 이를 방어 감정이라고 부릅니다.

예를 들어 계단을 내려가는데 뒤에서 뛰어 내려오던 사람이 밀치고 지나가는 바람에 자칫 굴러떨어질 뻔했다면 화가 치밀겠지요. 누군가 자존심 상하는 말이나 행동을 했을 때도 감정적으로 반응하게 됩니다.

이렇게 사람은 자신의 몸과 마음을 안전하게 지키기 위해서뿐만 아니라 중요한 물건이나 누군가를 보호하기 위해 분노로 대응하기도 합니다. 그래서 분노는 내가 무엇을 중요하게 생각하는지 깨닫는 계기가 될 수도 있어요.

분노가 느껴진다면 나를 방어하기 위해 생긴 감정이 아닌지 생각해보세요. 화나는 걸 자연스럽게 여기고, 화내는 나를 이해하며 유연하게 받아들이는 것이 화를 다스리는 첫걸음입니다.

화낼 일과 아닌 일 구분하기

'그때 화낼걸 그랬어', '왜 그때 말하지 않았을까?' 하고 후회하는 일이 반복되면 점점 부정적인 생각이 쌓이면서 괴로워집니다. 화를 내지 못한 자기 자신에게 화가 끓어올라 이불을 걷어차며 잠을 설치는 경우도 있지요. 후회하지 않으려면 화낼 필요가 있는 일과 아닌 일을 확실히 구분해야 합니다.

화가 올라올 때 '이 얘긴 꼭 해야겠어', '말하지 않으면 후회할 거야'라는 생각이 든다면 상대에게 자신의 생각을 전해야 하겠지만 '이건 딱히 말하지 않아도 후회하지는 않겠어'라는 생각이 들면 일단 평정심을 유지하려 노력하세요.

혹시 하루가 지났는데도 꼭 말해야겠다 싶은 게 있다면 상대에게 전합니다. 다만 나중에 말할 땐 "예전부터 쭉 생각했던 건데…"처럼 마음에 담아둔 듯한 뉘앙스를 풍기지 않도록 조심합니다. "뭐라고 말할지 고민하느라 이제야 말해서 미안해" 같은 말을 덧붙이는 편이 좋습니다.

말실수로 후회할 일 줄이기

화는 에너지가 강한 감정입니다. 그런 만큼 자제하기 어려워서 상대에게 덜컥 심한 말을 해버린 경험이 있을 거예요.

특히 분노가 치밀어 오를 때는 상대를 몰아붙이는 듯한 말투가 튀어나오거나 공격 조로 말을 뱉어버리는 경우가 많습니다.

화를 쏟아내는 중에는 냉정해지지 못하고, 대화가 끝난 후에야 심하게 말했다는 사실을 깨닫고 후회한 적이 있지 않나요?

나중에라도 알아차렸다면 시간이 지났더라도 용기를 내서 미안하다고 사과하세요. 상대와 화해하는 계기가 될 뿐 아니라 진심을 전하기에도 좋습니다.

하지만 가능한 한 말실수 때문에 후회하는 일을 피하는 게 좋겠지요. 그러려면 앞에서 소개했듯 이성이 작동할 때까지 6초만 버티려는 노력을 기울여야 합니다(p. 18 참고). 머리에 새겨두고 꼭 실천해서 고비를 넘겨보세요.

분노 관리 연습하기

앞에서도 말했듯 분노는 인간의 자연스러운 감정 중 하나여서 아예 생기지 않도록 막기는 어렵습니다. 그렇지만 생겨난 분노를 조절할 수는 있습니다.

속이 부글부글 끓고 있는데도 중요한 사람이나 업무에 관계된 사람이 말을 걸면 언제 그랬냐는 듯 바로 상냥하게 대하지 않나요?

이 책에서 소개하는 '앵거 매니지먼트'는 분노를 잘 다스리기 위한 훈련법입니다. 하지만 훈련법을 아는 것만으로는 분노를 다스릴 수 없습니다.

축구를 잘하고 싶어서 축구공을 사고 축구 관련 책을 읽는다고 해서 실력이 늘지는 않겠지요. 몸을 움직여 기본기부터 꾸준히 연습해야 서서히 몸에 익는 법입니다.

분노 관리도 마찬가지입니다. 일상에서 할 수 있는 일부터 시도해보려는 마음이 중요합니다. 꾸준히 하면 누구나 할 수 있으니 우선 하나씩 행동에 옮겨보세요. 일단 연습을 시작하면 서서히 내 속의 분노를 다룰 수 있습니다.

분노를 동기로 삼기

분노는 폭발력이 강한 감정이어서 잘 다룬다면 발전의 동기로 활용할 수 있습니다. 억울한 기분이 들거나 화가 치밀 때 그것을 발판 삼아 노력하다 보면 좋은 결과를 가져오기도 합니다.

뚱뚱하다는 지적에 자극받아 다이어트를 열심히 했다거나 성과를 내지 못한 아쉬움을 원동력으로 삼아 일에 매진해 결국 실패를 만회하는 등등의 일입니다.

이런 발상의 전환이 이루어지면 화가 나는 걸 행동의 계기나 좋은 결과를 만들어내는 원동력으로 활용할 수 있습니다. 분노를 잘 관리하는 사람은 화를 건설적인 행동으로 이용할 줄 아는 사람이지요.

분노의 특성을 이해하고 화를 능숙하게 다스리게 되면 인격까지 성장하게 됩니다. 화의 에너지를 연료로 삼아 앞으로 나아가보세요.

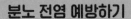

분노 전염 예방하기

'감정 전염'이라는 말, 들어보셨나요? 감정은 주위에 전염되는 성질이 있다는 뜻입니다. 곁에 있는 사람이 기쁨이나 즐거움 같은 감정을 표현했을 때 그 자리의 분위기가 밝아진 적이 있지 않나요? 기쁨이나 슬픔 같은 감정도 전염되지만 분노는 에너지가 강한 만큼 전염되기가 더 쉽습니다.

그래서 짜증 내는 사람 옆에 있으면 그 감정이 나에게 전염됩니다. 나에게 화내는 게 아닌데도 덩달아 기분이 나빠지지요. 그러니 누군가 짜증을 낸다면 그 기운이 나에게 전염되지 않도록 빨리 방법을 찾아야 합니다. 주변 사람이 장시간 심하게 짜증을 낸다면 아예 그 공간을 벗어나는 것도 방법입니다. 물론 나도 다른 사람에게 화를 전염시키지 않도록 주의해야 합니다.

편한 상대에겐 더 조심하기

이야기하기 편한 상대가 있는 반면, 단호하게 이야기하기 어려운 상대도 있습니다. 분노도 편한 상대에게 더 강하게 표출되는 경향이 있습니다. 우리가 꼭 알아야 할 분노의 성질 가운데 하나입니다.

오랫동안 함께 지낸 배우자, 가족, 친구에게는 '내 생각대로 움직여주겠지', '말하지 않아도 알겠지' 하는 막연한 확신과 기대가 있기 마련입니다.

같은 일이어도 상대가 친하지 않은 사람이라면 화내지 않을 일인데 가까운 사람에게는 짜증을 크게 내버리는 경우가 있습니다.

소중한 사람에게 욱하고 화가 치밀 때는 일단 멈춰보세요. 그리고 다른 사람이었어도 화를 낼 일인지 한번 생각해보세요. 편한 상대라고 함부로 감정을 발산하지 않도록 주의하고 소중한 사람일수록 더 소중히 대해주세요.

내 생각 강요하지 않기

다른 이가 '이럴 땐 ~해야 한다'는 자신의 가치관을 따르지 않으면 바로 짜증을 내며 지적하는 사람이 있습니다.

개인의 가치관에 옳고 그름은 없습니다. 불필요하게 화를 내지 않으려면 다른 사람의 행동이나 생각에 대해 지적하고 싶어도 내가 어떤 생각을 중요하게 여기는지 이야기하되 비난은 하지 말아야 합니다.

'~해야 한다'는 생각에 얽매이면 그만큼 짜증 나는 일이 늘어나 점점 괴로워집니다. 물론 조직이나 팀에서 중요한 의사 결정을 내릴 때는 원칙을 공유해야겠지요. 하지만 개인의 가치관에 관련된 문제는 상대에게 강요할 수 있는 부분이 아니기 때문에 자신의 기준대로 옳고 그름을 구분 지으려 해서는 안 됩니다.

'나는 이렇게 생각하지만, 다르게 생각하는 사람도 있어. 각자 달라서 좋아'라고 받아들이면 마음이 편해집니다. 틀린 것이 아니라 서로 다른 것임을 인정해보세요.

분노의 사슬 끊기

일본 앵거 매니지먼트 협회의 슬로건에 "분노의 사슬을 끊자!"라는 말이 있습니다. 분노는 친숙한 대상일수록 강해지고 상하 관계에서는 위에서 아래로 연쇄적으로 일어나는 성질이 있습니다. 누군가 분노에 휘둘리면 상사에서 부하 직원으로, 부모에서 자식으로 그 분노가 이어집니다.

하지만 개개인이 분노를 잘 조절한다면 그 사슬을 끊을 수 있습니다. 그러면 소중한 사람에게 상처를 주거나 서로를 비난하는 일 없이 한결 행복하게 보낼 수 있지 않을까요?

분노 관리는 누구든 실천할 수 있습니다. 이 책에서 소개하는 방법은 성별, 연령, 직업, 학력에 관계없이 모든 사람이 간단하고 손쉽게 반복할 수 있는 방법입니다. 하나씩 천천히 실천하다 보면 나 하나만이 아니라 다른 사람의 분노까지 줄일 수 있습니다.

2 장

분노를
가라앉히는 방법

분노에 등급 매기기

갑자기 화가 치밀어 오르면 그 감정에 휘둘려 상황을 제대로 파악하지 못하는 경우가 많습니다. 그럴 때 머릿속으로 0부터 10까지 분노 정도에 등급을 매기면 자신의 상태를 좀 더 객관적으로 파악할 수 있어 대처하기 쉬워집니다. 화가 날 때 의식적으로 이를 수치화하면 빨리 냉정을 되찾을 수 있습니다.

0은 분노를 전혀 느끼지 않는 평온한 상태, 1~3은 짜증은 나지만 금방 잊어버릴 정도로 가벼운 분노, 4~6은 시간이 지나도 감정이 누그러들지 않는 분노, 7~9는 머리에 피가 거꾸로 솟는 듯 강한 분노, 10은 온몸이 떨릴 정도로 격한 분노로 구분해서 등급을 매겨보세요.

욱하는 순간, 머릿속으로 분노 등급을 떠올려보세요. 등급을 매기는 데 집중하다 보면 분노를 의식하지 않게 되면서 감정에 휘둘리는 것을 막을 수 있습니다.

그뿐 아니라 자기가 어떤 일에 얼마만큼 쉽게 화를 느끼는지 분노 패턴과 경향을 알 수 있습니다.

마법 문구 정해두기

마음을 진정시키는 문구를 머릿속에 담고 있다가 화가 날 때 떠올리면 순식간에 기분이 전환되기도 합니다. '괜찮아', '별일 아니야' 등 나만의 문구를 만들면 좋습니다. 나를 진정시키는 데 효과가 좋다면 좋아하는 음식이나 반려동물의 이름을 떠올려도 괜찮아요.

기분이 상하는 순간, 이성이 작동할 때까지 6초만 마음속으로 자기만의 문구를 외쳐보세요. 특별한 문구를 스스로에게 되뇌다 보면 객관적으로 생각하고 진정하는 데 도움이 됩니다.

감정에 휘둘려 충동적인 행동을 하는 것도 막아줍니다. 문구를 떠올려 마음속으로 몇 번 외치다 보면 '그래, 별일 아니지'라고 생각하게 될 거예요. 입에 잘 붙으면서도 마음에 와닿는 말을 골라 준비해두세요.

그 자리 벗어나기

누군가와 말다툼하다가 감정을 주체하기 어려워진 적이 있나요? 그럴 때는 그 자리를 벗어나 일단 기분을 리셋하는 '타임아웃'을 추천합니다.

스포츠 경기 중 타임아웃을 가진 후 경기를 재개하듯 갈등 상황에도 타임아웃이 필요합니다. 자리를 비울 때는 상대에게 돌아올 시간을 알려주세요. "10분만 머리 식히고 올게" 등의 표현이면 충분합니다.

자리로 돌아가기 전에는 심호흡이나 스트레칭을 하고 물이라도 마셔서 기분을 가라앉히는 게 좋습니다. 그러면 화를 더 키우지 않고 분노에 냉정하게 대처할 수 있습니다. 잠깐의 타임아웃이 서로의 감정을 차분하게 가다듬게 하는 진정제가 되어줄 거예요.

마음 편히 심호흡하기

위급한 상황에 대처하는 교감신경과 편안한 상태에서 에너지를 저장하는 부교감신경은 서로 반대되는 작용을 하면서 우리 몸의 환경을 일정하게 유지합니다. 짜증이 날 때는 교감신경이 우위에 있는 상태입니다.

이때 심호흡을 하면 부교감신경이 우세해져 마음을 진정시키는 데 도움이 됩니다. 1분에 4~6회 정도 호흡한다는 생각으로 한 번 호흡할 때 10~15초 정도 시간을 들이면 됩니다. 내쉬는 데 더 집중한다는 생각으로 4초 정도 코로 숨을 들이마시고 8초 정도 천천히 숨을 내뱉습니다.

이를 두세 번 정도 반복하면 부교감신경이 우위를 차지하면서 마음이 가라앉고 불필요한 화가 빠져나갑니다. 간편하고 빠르게 할 수 있으니 짜증 나거나 언짢을 때 잠깐 시간을 내서 심호흡해보세요.

쉽게 감정적으로 반응하는 사람이나 화를 쌓아두는 습관이 있는 사람에게 효과가 좋습니다.

바로 옆 물건에 집중하기

화가 오래가는 사람은 과거나 미래까지 생각하는 경향이 있습니다. 강한 분노로 감정을 조절하기 어렵거나 과거에 느낀 분노가 떠올라 화가 치밀어 오르고 일어나지도 않은 나쁜 상황을 상상할 때 얼른 집중할 물건을 찾아보세요.

펜, 스마트폰, 컴퓨터 등 무엇이든 상관없어요. 거기에 주의를 기울이다 보면 의식이 '지금, 여기'로 향하면서 눈앞에 있는 사물에 정신이 쏠려, 쓸데없는 생각을 하지 않게 됩니다. 그러면 분노에 휘둘리지 않을 뿐 아니라 부글부글 끓어 오르는 감정을 전환하기 수월해져 화를 키우지 않고 상황을 해결할 수 있습니다.

나를 격려하는 말 준비하기

신경에 거슬리는 일이 있을 때, 화가 날 때, 긍정적인 기운을 주는 말로 화를 날려버리는 방법도 있습니다. 평소 자신에게 용기를 심어주는 문장을 준비해두었다가 화가 날 때 되뇌는 겁니다.

가족이 무언가를 까다롭게 지시한다거나 직장 선배가 업무 방식을 하나하나 강요해서 짜증 나거나 귀찮게 느껴질 때처럼 기분 전환이 필요한 경우에 추천합니다.

'내 실력이 이렇게 느는구나!'

'일단 배우고 보자!'

'어제보다 더 좋아질 거야!'

'이 또한 지나가리!'

이런 문장을 마음속으로 외쳐보세요. 짜증 나는 정도에 따라 문구의 강도를 바꾼다면 더 효과적이겠지요.

입꼬리 올리기

기분이 나쁘거나 화가 날 때는 표정이 굳기 쉽고 얼굴 근육도 경직됩니다. 그럴 때는 입꼬리를 올려보세요. 억지웃음을 짓는 것만으로도 부교감신경의 작용이 활발해지고 자율신경이 정돈되어 긴장이 풀리면서 침착함을 되찾게 됩니다. 감정에 앞서 표정을 바꾸고 감정이 따라오게 하는 거지요.

한 50대 남성이 아빠 표정이 무섭다는 딸의 말에 거울을 봤더니 정말 화가 난 사람처럼 보여서 충격을 받았다고 합니다. 그후 의식적으로 웃는 연습을 했더니 아빠를 보는 딸의 표정도 바뀌더랍니다. 직장 동료들도 이전보다 말을 더 많이 걸고 상의하는 횟수도 늘어났을 뿐 아니라 표정 역시 편안해졌다고 합니다. 표정 하나로 상대방의 반응이 이렇게 달라지기도 합니다.

거울 앞에서 입꼬리를 올린 내 얼굴을 보는 것만으로 마음이 가다듬어집니다. 기분이 나쁘거나 화가 날 때 입꼬리 올리는 습관을 들여보세요.

화나는 기분 그려보기

어린이를 위한 분노 관리 프로그램에서는 화나는 기분을 그림으로 그리는 방법을 사용합니다. 이는 사물을 논리적으로 생각하는 좌뇌형과 직관적으로 판단하는 우뇌형 중 우뇌형에게 적용하는 방법이기도 합니다.

화가 난다면 지금 자신이 느끼는 분노를 상상하며 구체적으로 그려보면 도움이 될 수 있습니다. 나의 분노는 어떤 모양, 크기, 색깔인지, 움직이는지 멈춰 있는지, 만졌을 때 촉감은 어떤지, 온도는 뜨거운지 차가운지 등등 상상력을 펼쳐 표현해봅시다. 그러다 보면 분노의 이미지가 머릿속에 더욱 잘 떠오릅니다.

분노를 캐릭터로 만들어 이름을 붙여주어도 좋겠네요. 세심하게 관찰하고 묘사한 나의 분노가 사랑스러울지도 몰라요.

어쩔 수 없는 일은 놓아버리기

아무리 애를 써도 어쩔 수 없는 일이 무척 많지요. 가족을 포함해 다른 사람의 성격, 가치관, 행동에 관련해 '어떻게 이럴 수가 있지?' 하고 아무리 생각해봤자 상황은 달라지지 않고 분노와 스트레스만 쌓일 뿐입니다. 그럴 땐 포기하는 것도 좋습니다.

포기한다는 말을 부정적 의미로 받아들이는 사람도 있지만 결코 부정적이기만 한 단어가 아닙니다. '포기하다'에 해당하는 일본어 단어에는 '분명히 밝히다'라는 뜻도 있습니다. 어쩔 수 없는 일에 얽매여 아무것도 하지 않은 채 짜증 나는 상태로 보내기에는 시간이 아깝습니다.

어쩔 수 없는 일에서 시선을 돌려 마음을 다독일 일을 찾아보세요. 자연을 바라보며 산책을 하거나 차를 마시며 그림책을 읽거나, 무엇이든 좋으니 시도해보세요. 어쩔 수 없는 일은 놓아버려야 앞으로 나아갈 수 있습니다.

'어떻게든 되겠지!' 하는 마음 갖기

생각할수록 화가 나서 어떻게 해야 좋을지 알 수 없을 때도 있습니다.

예상치 않은 일이 벌어지거나 뜻대로 풀리지 않는 일이 겹쳐 패닉 상태에 빠지면 일은 점점 더 꼬이고 맙니다. 그럴 때는 '어떻게 이럴 수가 있지?' 하고 생각하는 대신 '어떻게든 되겠지! 침착해' 하고 심호흡하면서 스스로를 달래보세요.

'어떻게든 되겠지'라고 생각하면 실제로 아이디어가 떠오르기도 하고 문제가 저절로 해결되기도 합니다. 천천히 심호흡하면서 진정한 후 '자, 이제 어떻게 해야 하지?' 하고 고민하다 보면 어느새 해결책도, 안정감도 따라올 거예요. 화가 난다면 꼭 '어떻게든 되겠지!' 라고 중얼거려보세요.

잘하는 일에 집중하기

스스로에게 자주 짜증이 나는 사람은 자신에 대한 기대치가 높거나, 부모님 혹은 선생님에게서 주변과 비교당하며 자라온 경우가 많습니다.

이런 사람은 결과가 어떻든 좀 더 잘해야 한다고 생각하는 경향이 있는데 이런 사고방식은 자신을 괴롭게 만들 뿐입니다. '난 잘하는 게 아무것도 없어', '저 사람에 비하면 난 한참 부족해'라는 생각이 들더라도 찾아보면 상대보다 뛰어난 부분이 분명 있습니다.

'이 부분만큼은 자신 있어', '아직 완벽하지는 않지만 70% 정도만 되어도 만족해'라고 생각할 만한 부분을 찾아보세요. 세상에 완벽한 사람은 없습니다. 자신이 잘하는 일로 시선을 돌리면 잘해야 한다는 강박이 서서히 느슨해질 거예요.

한숨 내뱉기

보통 한숨 쉬는 걸 안 좋게 생각하지만 사실 한숨이 나쁜 것만은 아닙니다. 한숨은 경직된 근육을 풀어주고 자율신경을 정돈하는 효과가 있다고 합니다.

나날이 피로와 고민이 쌓이면 신경이 예민해지고 호흡이 얕아지면서 몸에 산소가 부족해집니다. 또 배와 가슴 근육이 긴장되어 몸이 뻣뻣하게 굳어버립니다. 이럴 때 필요한 게 한숨입니다.

스트레스가 쌓여 짜증이 날 때는 숨을 "후!" 하고 크게 내뱉어 봅시다. 남의 시선이 닿지 않는 곳에서 혼자 한숨을 쉬어도 좋아요. 실컷 한숨을 내쉬고 나면 온몸에 힘이 빠지면서 긴장이 풀릴 거예요.

평소의 패턴 바꿔보기

평소 자기도 모르게 반복하는 행동 패턴이나 습관이 있나요? 패턴이 깨져 평소대로 하지 못하면 스트레스를 받거나 답답해하는 사람이 있습니다.

변화에 유연하게 대응할 수 있게끔 항상 해오던 패턴을 일부러 바꿔보면 어떨까요? 출퇴근 혹은 통학 경로를 평소와 달리한다거나, 먹어본 적 없는 메뉴를 주문한다거나, 늘 보던 TV 프로그램 대신 다른 걸 보는 식으로요.

이렇게 익숙한 패턴을 바꿔보면 변화에 유연하게 대처할 수 있는 힘이 생깁니다. 전부 바꿀 필요는 없고 시도해볼 만한 일부터 하나씩 바꾸면 돼요. 정해진 패턴을 바꾸려고 노력하다 보면 나쁜 습관도 고칠 수 있습니다. 똑같은 이유로 계속 화를 낸다거나 잘못된 행동을 저지르는 일도 고칠 수 있습니다.

3 장

화가 잘 나지 않는
성향으로 바꾸는 방법

마음을 편안하게 해주는 모임 찾기

마음을 편하게 해주는 사람들이 모여 있다고 생각하면 정말 소중하다는 느낌이 듭니다. 나를 있는 그대로 받아주는 사람들이 있다는 것은 감사한 일입니다.

거기다 바쁜 일상은 잊은 채 담소를 나누고 함께 열정을 쏟을 만한 취미나 이벤트에 몰두한다면 스트레스도 해소되겠지요. 그러면 마음의 버팀목이 되면서 여유도 생겨납니다. 스트레스를 받거나 짜증 나는 일이 있어도 나에겐 그곳이, 그 사람들이 있다는 사실만으로 위안이 되는 듯한 기분이 들지 않나요?

가족이나 친구, 동호회, 공부 모임, 동네 모임 등 어떤 공동체든 소속되어 이곳이 나의 안식처라는 느낌을 받아보세요.

안식처로 느껴지는 공동체가 없다면 꼭 한번 찾아보세요. 분명 나에게 맞는 곳을 찾을 수 있을 거예요.

유산소운동 하기

평온한 마음을 유지하기 위해서는 적당한 운동이 필요합니다. 유산소운동이나 스트레칭을 하는 습관을 들이면 짜증이 잘 나지 않는 성향으로 바뀔 수 있습니다.

격한 운동으로는 마음이 진정되는 효과를 기대하기 어렵지만 체력 소모가 너무 심하지 않은 정도라면 건강하게 스트레스를 해소할 수 있습니다. 걷기나 수영 같은 유산소운동을 꾸준히 하면, 스트레스를 완화하는 엔도르핀과 행복 호르몬이라고 불리는 세로토닌이 뇌에서 분비되어 짜증이 잘 나지 않게 하는 데 도움이 됩니다.

반면 홧김에 하는 폭음이나 폭식, 두 시간이 넘는 유튜브 시청, 게임, 담배는 일시적으로 스트레스를 잊게 해줄지는 몰라도 의존성이 점점 높아지기 때문에 추천하지 않습니다. 몸과 마음을 편안하게 해주길 기대하며 유산소운동을 해보세요.

문제가 해결된 미래 상상하기

화가 치밀어 올라 가라앉지 않을 때는 나를 화나게 만든 문제가 모두 해결된 모습을 상상하면 기분이 좋아집니다. 화가 나면 그 문제가 머릿속을 가득 채워 괴로워하는 사람이나, 언젠가 똑같이 갚아 주고야 말겠다고 생각하는 사람에게 추천하는 방법입니다.

문제가 해결된 미래를 상상하면 분노라는 감정에서 멀어지고 행복한 기분이 피어오릅니다. 또 자신이 원하는 게 무엇인지 다시 확인하면서 새롭게 의욕을 불태울 수도 있겠지요.

문제가 다 해결된 모습을 머릿속에 그릴 때는 이렇게 되면 좋겠다 싶은 장면을 떠올리고, 바라는 것을 자세히 상상해야 해요. 그래야 이루어질 가능성이 커집니다. 상상이 잘 되지 않을 때는 좋아하는 아로마 향을 맡거나 온열 안대를 사용해 오감을 편안하게 하는 것도 도움이 됩니다.

기분 전환 메뉴판 만들기

괜히 슬플 때, 갑자기 외로울 때, 유난히 피곤할 때는 신경이 날카로워집니다.

그럴 때 실행하면 기분이 좋아지는 일 목록을 정리해 메뉴판처럼 만들어두기를 추천합니다. '너무 우울해서 축 처질 때는 산책'처럼 기분 전환이 필요한 일의 스트레스 정도에 따라 메뉴를 정해보세요.

10분용, 30분용, 1시간용, 한나절용, 하루용 등 소요되는 시간별로 메뉴를 만들어두는 것도 좋은 방법입니다. 예를 들면 드라이브, 마사지, 스포츠 경기 관람, 영화 감상, 아로마테라피 등이 있습니다. 한 정거장 걸어가기, 좋아하는 영상 다시 보기, 커피 정성껏 내리기, 근사하게 요리하기, 스트레칭 등도 좋아요. 나만의 메뉴를 찾아 다양하게 준비해보세요.

충분한 수면 시간 챙기기

충분한 수면은 스트레스를 예방하기 위해서도 중요합니다. 하루 수면 시간은 6~7시간 정도가 좋습니다. 잠이 부족하면 감정을 조절하기 어려워져 정서적으로 불안정하거나 짜증을 내는 일이 잦아집니다. 밤에 잠들기 전 스마트폰을 보거나 늦게까지 컴퓨터를 하면 뇌가 흥분해 제대로 쉬지 못합니다. 수면의 질을 높이려면 자기 전 스마트폰, 컴퓨터 사용은 최대한 피하는 편이 좋아요.

체온을 낮추는 것도 깊은 잠을 자는 데 중요한 역할을 하니 잠들기 직전에 너무 뜨거운 물로 목욕하지 마세요. 커피 같은 카페인 음료도 많이 마시지 않도록 주의하세요.

포근한 이불과 베개 고르기, 질 좋은 잠옷 입기, 아로마 오일의 은은한 향기에 둘러싸여 잠들기 등도 숙면에 도움이 되므로 추천하고 싶습니다.

잠들기 전 좋았던 일 떠올리기

잠자리에 누웠는데 낮에 있었던 짜증 나는 일이 문득 떠올라 한참을 뒤척인 적 있나요? 그럴 때는 짜증에 초점을 두지 않도록 일부러 다른 일을 떠올려보세요. 누군가에게 고마웠던 일이나 나를 기쁘게 해준 말을 되새겨봅시다.

하지만 짜증 나는 일이 떠올랐을 때 갑자기 좋은 일을 생각해 내기는 어려울지도 몰라요. 그러니 우선 평소 좋았거나 기뻤던 일을 잊어버리지 않도록 틈틈이 메모해두세요. 그리고 잠들기 전, 메모를 보고 좋은 일을 떠올려보세요.

좋은 생각을 하다 잠이 들면 숙면을 취할 뿐 아니라 아침에 개운하게 일어날 수 있습니다.

불안한 건 적어두기

불안한 하루하루를 보내는 탓에 신경을 곤두세우는 사람도 있습니다. 불안은 앞으로 일어날지 모르는 사건이나 미래를 걱정할 때 생겨나는 감정입니다. 바꿔 말하면, 불안하기에 훗날 발생할 위험에 대처할 방법을 구체적으로 고민할 수 있습니다. 불안을 글로 세세하게 써 내려가다 보면 어떻게 대처할지 고민하며 스스로 적절한 방법을 발견하게 됩니다.

갑자기 '내일 지진이 나면 어떡하지'라는 생각이 들어 불안해하더라도 지진은 내가 제어할 수 있는 일이 아니지요. 하지만 비상식량 또는 필요한 물품을 구비하거나 가족끼리 연락할 방법을 정해놓는 등 대비가 가능한 부분도 있습니다.

내가 느끼는 불안과 행동에 옮길 수 있는 대처법을 종이에 적어두는 것만으로 마음이 한결 가벼워집니다. 그러니 자신을 불안하게 만드는 생각이 머릿속에만 맴돌게 두지 말고 글로 적어두세요.

작은 계획 세우기

무언가 실행하려고 할 때 너무 과도한 계획을 세우면 작심삼일이 되고 맙니다. 게다가 제대로 실천하지 못한 탓에 처음의 의욕까지 사라져버리기도 합니다.

무언가 시작하거나 개선할 때는 많은 에너지가 필요합니다. 그러니 일단은 한 걸음만 나아간다는 느낌으로 계획을 가볍게 세우는 게 좋아요.

예를 들어 평소에 남에게 화나서 따지는 듯한 말투로 이야기하는 것을 고치고 싶다면, "왜 그랬어?" 대신 "어떻게 하면 좋겠어?"라는 말로 바꿔보는 거죠.

또 다이어트를 할 때 갑자기 일주일 만에 2kg을 빼려고 하면 엄두가 나지 않으니 우선 군것질을 줄인다는 계획만 세우고 제대로 지키는 겁니다.

처음부터 전부 바꾸려 하지 않아도 괜찮으니 작은 일부터 계획을 세우고 차근차근 단계를 높여 밟아나가보세요. 성취감은 커지고 스트레스는 줄어들 거예요.

성공 목록 만들기

살다 보면 화나고 짜증 나는 일뿐만 아니라 기쁜 일이나 좋은 일도 많습니다. 무엇이든 나의 행동을 통해 행복했던 일이나 좋았던 일을 '성공 목록'으로 기록해보세요. 쓸 때마다 행복한 기분이 들기 때문에 자연스레 긍정적인 면에 집중하는 습관을 기를 수 있습니다.

직장에서 이야기해본 적 없는 사람에게 인사를 했더니 웃는 얼굴로 대답해주었다!

일찍 일어났더니 아침 햇살에 기분이 좋아졌다!

오늘은 달걀 프라이가 먹음직스럽게 되었다!

이렇게 사소한 일이라도 좋으니 성공한 경험이나 좋았던 일을 꾸준히 적어보세요. 성공을 기록으로 남기면 스스로에게 자신감이 생기면서 좋은 일에 집중하게 되고 작은 일에도 행복하다고 느낄 수 있습니다.

분노 목록 만들기

어떤 일에 화가 났는지도 목록으로 만들어봅시다. 예를 들면 '스마트폰을 보면서 걸어가던 사람이 나에게 부딪쳐서 기분이 나빴다' 같은 식으로 화가 났던 일을 적어둡니다. 분노 목록 노트를 따로 만들어도 되고 다이어리나 스마트폰 메모에 간단하게 기록해도 됩니다.

기록할 때는 '그 자리에서 직관적으로 쓰기', '분노를 느낄 때마다 쓰기', '바로 분석하지 않기'를 염두에 둡니다. 그리고 어떤 일에 분노를 느꼈는지 명확하게 파악하기 위해 그 원인을 적어야 합니다. 단순히 '열받는다', '나쁜 자식'처럼 감정만 적는다든가 불평이나 원망만 늘어놓으면 안 돼요.

분노 목록을 만들면 적는 동안 마음이 가라앉을 뿐 아니라 어떤 일에 화가 나는지, 왜 화가 나는지도 파악할 수 있습니다.

나만의 원칙 찾기

분노는 나만의 가치관이 담긴 원칙에 어긋날 때 생겨나는 감정입니다. 별일 아닌데도 화나게 만드는 나만의 원칙이 무엇인지 찾아 적어보면 화를 내게 하는 상황을 파악할 수 있습니다.

우선 분노 목록(p. 88)에서 나만의 원칙을 찾아 적어보세요. 그러고 나서 각 항목의 중요도를 10단계로 나누어 평가합니다(중요도가 낮을수록 1, 높을수록 10).

예를 들면 '남이 도와주면 고맙다고 말해야 한다(5)', '길을 걸을 때는 스마트폰을 사용하지 않아야 한다(3)'같이 나만의 원칙과 중요도를 적어보세요.

이렇게 하면 나에게 어떤 원칙이 있고 무엇을 중요하게 여기는지 객관적으로 파악할 수 있습니다.

나만의 원칙이 무엇인지 알면 같은 상황에서 다른 사람에게 나만의 원칙을 요구해서도 안 되고 화를 낼 필요도 없다는 것을 깨닫게 됩니다.

'뭐, 괜찮아' 하고 넘기는 범위 넓히기

누군가 화를 돋울 때 내 모습을 돌아보세요. '모 아니면 도'라는 말처럼 화를 아예 내지 않거나 너무 크게 내는 두 가지 모습만 있지 않나요? 이보다 짜증은 조금 나더라도 허용하고 넘길 수 있는 영역을 넓히는 것이 필요합니다.

자신의 기준에 백 퍼센트 들어맞아야 한다는 집착이 강하면 강할수록 허용 범위가 좁아져, 내 기준에 맞지 않는 일이 많아지고 짜증 나는 일도 늘어납니다.

완전히 들어맞지는 않더라도 아쉬운 대로 이 정도면 괜찮다거나 최소한 이 정도면 OK라는 기준을 정해 '뭐, 괜찮아'라고 허용할 수 있는 범위를 조금씩 넓혀나가세요. 그리고 어떤 일이 있을 때 이렇게 생각해보세요.

'짜증은 좀 나지만 뭐 괜찮아.'
'바라던 대로는 아니지만 이 정도면 그런대로 괜찮아.'

융통성 있게 범위를 설정해야 이유 없이 짜증이나 화가 나는 일이 줄어듭니다.

할 수 있는 일에 집중하기

세상에는 짜증이 나고 화가 치밀어도 애초에 내 힘으로는 어찌할 수 없는 일이 참 많습니다.

생각해보세요. 당장 오늘 비가 온다거나, 지하철 또는 버스가 지연돼도 도리가 없고, 조직 개편 또는 선거 결과 등을 바꿀 수 없습니다. 이런 일에 '어쩜 이럴 수가 있지?', '어떻게 좀 안 되나!' 하고 계속 생각해봤자 점점 짜증이 늘고 화만 날 뿐 아무것도 해결되지 않습니다.

주어진 상황은 달라지지 않으니 자신의 행동으로 바꿀 수 있는 일, 즉 통제 가능한 일에 집중하고 바꿀 수 없는 일은 자신의 힘으로 어쩔 도리가 없다고 깨끗이 포기하는 편이 낫습니다.

짜증을 느끼는 일이 잦다면 통제할 수 있는 일과 그럴 수 없는 일을 나누어 종이에 적어봐도 좋아요. 내가 할 수 있는 일에 집중하다 보면 자연스럽게 짜증 내는 횟수가 줄어들 겁니다.

신경 쓸 만한 일인지 생각해보기

짜증 나고 화나는 일이 나에게 중요한 일인지 아닌지 구분할 필요도 있습니다. 생각해보면 그다지 중요하지도 않은 데다 어찌할 수도 없는 일에 한참 동안 열을 낼 때도 많지요.

줄 서서 전철을 기다리고 있는데 누가 새치기를 한다거나, 전철 안에서 다리를 쩍 벌리고 앉는 등 매너 없이 행동하는 사람이 있다고 한들 주의를 주기도 애매할뿐더러 앞으로 볼 사람도 아닙니다. 괜히 신경이 쓰여도 정말 내가 신경 쓸 만한 가치가 있는 일인지 곰곰이 생각해보세요.

정말 중요한 일이고 무언가 행동해서 바뀔 만한 것이라면 어떻게 해야 할지 고민해보고 곧바로 실천에 옮깁니다. 그러나 중요하더라도 내가 통제할 수 없는 일이라면, 더 이상 화를 내지 않기 위해 어떻게 하면 좋을지 고민하는 데 집중해서 가장 적절한 행동을 하는 게 좋습니다.

남 판단하지 않기

사람은 쉽게 남을 판단하는 경향이 있습니다.

좋은 사람, 나쁜 사람, 나와 맞는 사람, 맞지 않는 사람 등으로 나누어버리기 쉬운데, 그러면 사람을 사귀기 힘들어지지요.

사람마다 장점이 있으면 단점도 있기 마련입니다.

누구나 다른 사람의 좋은 부분보다 부족한 부분에 눈길이 가기 쉽습니다. 다른 사람의 부족하고 잘못한 점에 신경 쓰다 보면 그 사람 때문에 스트레스를 받고 화도 납니다. 하지만 다른 사람의 좋은 점에 집중하면 분노도 줄어들고 쉽게 남을 판단하는 마음이 서서히 사라질지도 모릅니다.

남을 판단하는 버릇만 고쳐도 마음이 편안해질 거예요. 나에게도 단점과 부족한 점이 있다는 걸 인정하고 다른 이에게 좀 더 너그러운 마음을 가져보세요.

당연함 경계하기

스스로 일반적이고, 상식이고, 당연하다고 굳게 믿는 것이 있나요? 사람은 각자 다양한 가치관을 지니고 있기에 내가 당연하게 여기는 것과 다른 사람이 당연하게 여기는 것이 다를 수 있습니다. 내 기준이 옳다고 철석같이 믿다 보면 그 기준에 어긋나는 결과를 맞닥뜨렸을 때 짜증이 납니다. 자신의 생각을 상대에게 강요하다가 관계가 틀어져서 화가 나기도 하지요.

사람마다 다른 점이 있는 것은 당연합니다. 나와 완전히 똑같은 생각을 지닌 사람은 이 세상에 없습니다. 머릿속에 '당연', '일반적', '상식'이라는 단어가 떠올랐을 때 잠시 멈추어서 '나한텐 당연하지만 어쩌면 그렇지 않은 사람도 있을지 몰라' 하고 생각하는 여유를 가져보세요.

내가 당연하다고 생각하는 것에 융통성을 더해보세요. 시야도, 세상도 더 넓어질 거예요.

100
———

부정적인 생각 무찌르기

'지금까지 유지해온 행동, 생각, 가치관이면 충분해', '다른 시각으로 생각하는 건 힘드니까 바꾸고 싶지 않아'라고 생각하는 사람이 많습니다.

'또 실패할지도 몰라', '전에도 똑바로 말하지 못했으니까 이번에도 그럴 거야' 하는 부정적인 생각이 떠올라 한 발짝도 내딛지 못하는 자신이 답답하다면 이렇게 생각해보세요.

'자꾸 부정적인 생각이 떠오르지만, 뭐, 그건 그거지. 이건 달라.'
'저번엔 그랬지만 이번엔 다를 거야.'
'그래도 한번 해보자!'

머릿속에 부정적인 생각이 맴돌 때는 '뭐, 그건 그거지' 하며 자신의 추측을 반박하세요. 말의 힘은 뇌를 변화시킵니다. 불안을 하나하나 무찌르다 보면 마음이 점점 편안해지는 느낌이 들 거예요.

좋은 사람인 척 연기하지 않기

어떤 사람에게 무리한 부탁을 받았을 때 거절하지 못하고 들어주는 자신이 싫어진 적이 없나요?

힘들다고 느끼면서도 '나를 이렇게나 의지하는데, 내가 안 하면 아무도 안 할 거야' 하며 부탁을 들어주는 심리 이면에는 '거절하면 나를 안 좋게 평가하지 않을까?', '주변 사람과 관계가 나빠지지 않을까?' 하는 마음이 있습니다. 그래서 애써 좋은 사람인 척 연기할 때도 있겠지요.

하지만 어쩌면 이것은 자신이 만들어낸 강박일지도 모릅니다. 거절한다고 나를 나쁘게 평가한다는 법도 없고 거절 때문에 관계가 틀어진다고 보기도 어렵습니다. 도움이 되어 다행이라고 느끼기보다 왜 부탁을 들어준다고 했는지 후회가 된다면 정신 건강에도 해롭습니다.

도와주는 것과 이용당하는 것은 다릅니다. 좋은 사람인 척 연기하는 건 그만두고 용기 내서 거절하는 법도 배워보세요.

맘껏 울어보기

어른이 되면서 주위 상황이나 남의 시선을 신경 쓰느라 슬픈 감정을 억눌러본 적 없나요? 계속 억누르기만 하다가 슬픈 감정이 쌓이면 어느 순간 더 이상 참지 못하고 어떻게 이럴 수가 있냐며 분노를 터뜨리기도 합니다.

매일매일 바쁜 일상에 치이다 보면 슬프거나 외로운 기분이 드는 것은 자연스러운 일입니다. 그러니 애써서 억누르지 않아도 괜찮습니다.

슬픔, 외로움, 괴로움이라는 감정은 기쁨이나 즐거움 같은 행복한 감정만큼 중요한 감정입니다. 들여다보지 않으려고 하면 마음이 공허해질 뿐 아니라 어디선가 슬픔이 터져 나오기 마련입니다.

쏟아지는 슬픔을 주체하지 못하고 눈물을 터뜨려도 괜찮아요. 이상한 일도 창피한 일도 아니니 슬픈 감정을 솔직하게 인정하고, 몰래라도 괜찮으니 혼자 눈물 흘리는 시간을 가져보세요.

어휘력 키우기

일본 앵거 매니지먼트 협회에서 학생을 체벌한 선생님을 대상
으로 설문을 진행한 적이 있습니다.

왜 체벌을 했냐는 질문에 "욱하는 바람에", "말문이 막혀서"라
는 답변이 많이 나왔습니다. 화가 나서 말문이 막히니 순간적
으로 폭력을 휘두른 것이지요.

하지만 이런 말로는 변명이 되지 않습니다.

사람은 화가 났을 때 자신이 생각하는 바를 제대로 말하지 못
하거나 어이가 없어 말문이 턱 막히면 공격적으로 변하기 쉽
습니다. 감정적인 반응을 보이는 대신 자신이 어떤 기분이고
사실은 어떻게 하고 싶었는지, 무얼 알아주길 바랐는지 자신
의 언어로 전달할 수 있어야 합니다.

그러려면 평소에 어휘력과 표현력을 적절하게 끄집어내는 연
습이 필요합니다. 내 마음을 정확하고 겸손하게 전달할 수 있
는 표현을 찾아보세요.

화내도 되는 경계 정하기

기분에 따라 말과 태도가 달라지는 경우가 있나요?

기분이 좋을 때는 배우자가 옷을 아무렇게나 벗어 던져두어도 아무 말 없이 치워주지만 기분이 나쁠 때는 왜 아무 데나 옷을 벗어놓느냐며 소리를 지르곤 하지 않나요?

기분에 따라 말을 바꾸면 상대는 눈치만 살필 뿐, 정작 벗어놓은 옷을 바구니에 넣지는 않습니다. 결국 자신의 의도와 원하는 바가 제대로 전해지지 않는 것이지요. 서로 기분만 상할 뿐 좋은 것이 하나도 없습니다.

기분에 따라 말을 바꾸지 않으려면 화낼 일과 화내지 않을 일 사이에 경계를 정해두어야 해요.

짜증이 나더라도 한 번 말했을 때 내 의도를 이해하면 화내지 않는다, 세 번 말해도 소용이 없으면 화를 내도 된다는 식으로 경계를 그어두면 심한 경우를 제외하고는 너그러이 받아들이게 되어 화낼 일이 줄어듭니다.

성공한 경험 떠올리기

우울하거나 답답할 때 과거에 좋았거나 성공한 경험을 떠올리면 긍정적인 마음이 샘솟습니다. 과거의 경험을 곱씹다 보면 앞으로 잘 헤쳐나갈 모습도 상상되기 때문입니다.

과거를 회상할 때는 그때 감정이 어땠는지, 몸에 어떤 느낌이 있었는지, 눈앞에 무엇이 보였는지 등 오감을 동원해 당시 상황을 자세하게 기억해낼수록 좋아요. 긴 시간 동안 일어난 일이 아닌 '그 순간'의 일을 생각하다 보면 어느새 기분이 좋아집니다.

예를 들어 '오늘 하루 일이 잘 풀렸다'라고 떠올리기보다 '이번 달 성과를 동료에게 알렸더니 대단하다고 말해줘서 기뻤다!'라고 자세하게 회상하는 것이 효과가 큽니다.

핵심은 감정을 느낀 바로 그 순간을 떠올리는 것입니다. 기분이 좋았던 상황을 떠올리면 한결 긍정적이고 밝아질 거예요.

자기 전 하루를 마무리할 때 그날 이룬 소소한 성공을 되돌아보는 것도 좋습니다.

'그런데', '그렇지만', '그래 봤자'라는 말을 자주 하면 비관적인 인상을 줍니다. 안타깝게도 이런 말을 입버릇처럼 내뱉는 사람 중에 행복해 보이는 사람은 없습니다.

무의식중에 계속 사용하다 보면 나를 부정적인 사람으로 보이게 만들 뿐입니다.

'그런데'와 '그렇지만'이라는 단어는 마음속으로 자신이 옳다고 굳게 믿을 때나 상대방 말이 옳다고 생각하지만 인정하고 싶지 않을 때 자기도 모르게 튀어나오는 말입니다. '그래 봤자'라는 말은 자신의 성과를 말할 땐 언뜻 겸손하게 들리기도 하지만 그 속에는 과거의 실패 때문에 새로운 도전을 할 의욕이 없다는 마음이 숨어 있습니다.

이런 부정적인 표현은 주변의 긍정적인 사람을 멀어지게 하고 스스로를 불행한 사람으로 만들기 때문에 경계해야 합니다.

무심코 사용하는 단어 하나가 나도 모르는 새 내 평판과 태도를 규정짓기도 한다는 점을 명심하세요.

말과 태도 일치시키기

의사소통을 할 때는 어떤 말로 전할지도 중요하지만 어떤 표정, 태도, 말투로 표현하는지도 중요합니다.

특히 얼굴을 보고 대화할 때 표정이나 태도가 말과 일치하지 않으면 상대방은 어떻게 받아들여야 할지 난감해집니다.

상대방이 화났냐고 물으면 속으로는 부글부글 끓고 있으면서 토라진 표정으로 "화 안 났다니까!" 하고 강한 어투로 말하는 사람을 보면 무슨 생각이 드나요? 화나지 않았다고 아무리 말해봤자 상대는 표정과 태도에서 느껴지는 감정을 읽고는 당황하거나 불쾌해할지 몰라요.

먼저 자신의 말과는 다르게 표정이나 태도로 화를 내고 있지는 않은지 확인해보세요. 자신이 정말로 전하고자 하는 바와 생각과 말 혹은 행동을 일치시킨다면 의사소통하기가 점점 수월해질 거예요.

칭찬 답변 준비해두기

다른 사람에게 칭찬받았을 때 기쁜 마음을 솔직하게 인정하지 못하고 괜히 손사래 친 적 없나요? 혹시 그런 경험이 있다면 자존감이 낮아서 그런 것일지도 모릅니다.

겸손하게 행동하기 위해서였다고 해도 지나치게 체면을 차리면 칭찬해준 상대방이 민망해집니다. 지나치게 겸손한 태도를 보이면 상대방도 신경이 쓰여 더 이상 당신을 칭찬하지 않게 됩니다.

칭찬받는 데 익숙하지 않아서 어떻게 반응해야 할지 모르겠다면 우선 상대방에게 "감사합니다"라는 말부터 건네보세요. 갑자기 칭찬을 들어 대답하기 어려울 때를 대비해 답변할 말을 준비해두는 걸 추천합니다.

"칭찬받는 데 그다지 익숙하지 않아서 좀 쑥스럽네요."
"부족한 부분이 많은데 좋게 말해주셔서 감사해요."

미리 기쁨과 감사의 표현을 준비해두면 칭찬을 받고도 솔직하지 못한 자신에게 화내는 일은 없을 거예요.

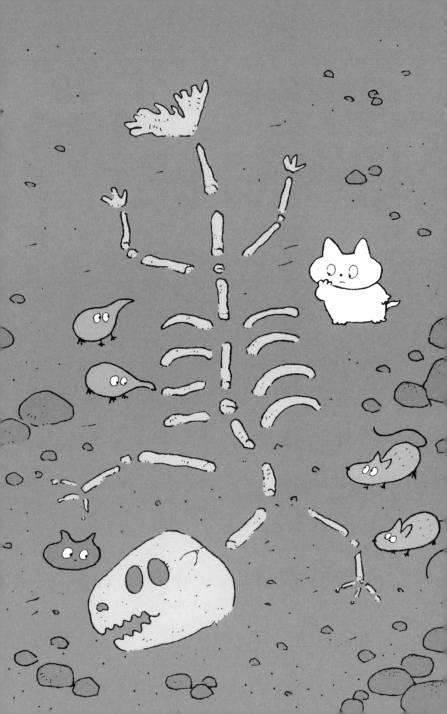

싫은 점 정확히 파악하기

모든 점이 싫어서 진저리가 나는 사람이 있나요? 그런데 못마 땅한 순간이 늘어날수록 어떤 점이 싫었는지 점점 헷갈릴 때 도 있지 않나요?

막상 무엇이 마음에 들지 않았는지 파헤쳐보면, 펜을 돌리거 나 다리를 떠는 등 살짝 신경 쓰이게 한 정도가 전부인 경우도 적지 않습니다. 모든 점이 거슬리는 것은 착각일지도 몰라요. 곰곰이 생각해보면 전부 거슬리지도 않고 별일도 아니라는 사실을 깨닫게 됩니다.

누군가의 모든 점이 싫게 느껴질 때는 그 사람의 어떤 점이 싫 은지 정확히 찾아내서 꼭 해결하고 싶은 부분과 그렇지 않은 부분을 나누어보세요. 그리고 꼭 해결하고 싶은 부분에 대한 대책을 세우세요. 그렇게 하기만 해도 마음이 꽤 차분해진답 니다.

바람직한 태도 그리기

누군가 나에게 용서받지 못할 행동을 저지르면 마음속 깊이 상처가 남고 울분이 쌓이는 법입니다.

나쁜 감정이 마구마구 솟구칠 때는 그 상황에 얽매이는 내 모습이 정말 바람직한지 생각해보세요.

계속해서 괴로워하고 분노를 곱씹으며 힘든 기억을 떠올리기보다 자기에게 바람직한 태도가 무엇인지 생각해보는 습관을 키우세요.

바람직한 태도에 집중하는 연습을 할 때는 머릿속에 영상을 그립니다. 부정적인 생각이 떠오를 때는 내가 바라는 태도가 어떤 것인지 방향을 수정해나가면서 연습하세요. 한 번에 되지 않아도 괜찮아요. 원하는 태도를 상상하는 것이 중요합니다.

앞으로도 좋은 관계를 이어나가고 싶은 상대와의 사이에서 생긴 문제라면 이전에 힘들었던 일보다는 '그 사람에게 어떤 태도로 대하고 싶은지'에 초점을 맞춥니다.

용서하기 어려운 상황일수록 그 사람과 어떤 관계를 원하는지 머리에 그려보는 게 갈등 해소에 도움이 됩니다.

4 장

인간관계에서 분노를 줄이는 방법

감정을 제대로 전하기

감정적으로 말하는 것과 감정을 말로 전하는 것은 의미와 방법이 전혀 다릅니다.

화났을 때 감정만 앞세워서 말하면 내 생각과 감정이 상대에게 제대로 전달되지 않습니다.

"왜 약속을 깨는 거야? 널 믿을 수 없어!", "그딴 말을 하다니 최악이야!" 등 감정적으로 기분을 고스란히 드러내면 나의 속상한 마음보다 화만 전해집니다.

"잔뜩 기대했는데 약속이 깨져서 너무 아쉬웠어"

"그렇게 말해서 좀 충격이었어"

이렇게 감정을 객관적으로 표현하는 것이 더 잘 전달됩니다.

슬펐다, 힘들었다, 불안했다, 서운했다 등 불편한 감정을 전하고 싶을 땐 감정적으로 말하지 말고 담백하게 설명해주세요.

4 장   인간관계에서 분노를 줄이는 방법

나를 억누르는 사람 무시하기

상대보다 우위에 서기 위해 억누르는 사람이 있습니다.

사실 남을 억누르는 건 자신감이 없어서라는 것을 알고 계신 가요? 타인을 내려다보고 자신이 우위에 있다고 생각해야만 자신감을 지킬 수 있는 사람이기 때문이지요.

그렇게 생각하면 왠지 딱한 사람이라고 느껴지지 않나요?

화가 나겠지만 누군가 나를 억누를 때 가장 좋은 방법은 상대 하지 않는 것입니다. 속상해하거나 불쾌해하면서 하나하나 반 응하면 상대가 파놓은 함정에 걸려드는 꼴이니 적당한 거리를 두고 가능한 한 접점을 만들지 않는 게 좋아요.

그 사람과 똑같이 행동하지 말고 굳이 상대하지 않는 것이 상 대에게 가장 큰 타격을 주는 대처법입니다.

무시하다 보면 점점 신경 쓰이지 않게 됩니다.

다른 사람의 분노 흡수하지 않기

심하게 화내는 사람에게 휩쓸려 냉정하게 행동하지 못한 적이 있나요?

분노는 분위기가 험악해지게 하거나 주변 사람까지 짜증 나게 하기도 하지요.

커뮤니케이션을 잘하는 사람은 자신의 분노에도, 상대의 분노에도 휘둘리지 않습니다. 상대가 아무리 이성을 잃고 노발대발해도 자기가 하고 싶은 말을 냉정하게 전달한다면 감정적으로 부딪치거나 찝찝하게 마무리되는 것을 피할 수 있어요.

상대가 분노를 쏟아낸다면 우선은 화를 받아주고 대응은 나중에 하세요. 우선 상대방이 화내며 하는 말에 귀를 기울여 사실과 추측을 구분합니다. 사실은 귀담아듣고, 추측이다 싶은 건 가볍게 흘려들으세요.

이처럼 사실과 추측을 구분하는 습관을 기르면 화내지 않고 냉정하게 대응할 수 있습니다.

난감할 땐 피하기

"학부모 모임에서 사적인 걸 꼬치꼬치 캐물어서 괴로워요."

새로운 만남에서 직업, 연봉, 학력 등 민감한 부분까지 물어보는 사람이 꼭 있습니다.

이것저것 질문을 받다 보면 '너무 집요하네!', '그만 좀 캐묻지' 하는 생각이 들어 얼굴이 찡그려지기도 하지요. 얼떨결에 말하고선 나중에 후회하기도 합니다.

학부모 모임이라면 아이와 관련된 만큼 "그런 거 묻지 마세요!" 라고 감정적으로 받아치면 나중에 피곤해지는 경우가 많으니 잘 피하는 것도 좋은 방법입니다. 어떤 관계냐에 따라 다르겠지만 답하고 싶지 않은 질문을 받았을 때는 "저는 별거 없어요. A씨는 어때요?" 하며 가볍게 넘기는 정도도 괜찮습니다.

이렇게 때로는 인간관계에서 마찰을 피하기 위해서라도 은근슬쩍 넘기는 능력도 필요합니다.

싫은 사람이 있어도 괜찮다고 여기기

누구나 싫어하는 유형의 사람이 있기 마련입니다.

사적인 관계라면 마음에 들지 않는 사람과 꾸역꾸역 어울리지 않아도 됩니다. 억지로 좋은 관계를 유지하려고 스트레스에 시달릴 필요 없습니다.

그러나 일로 만난 사람이라면 그럴 수 없겠지요. 직장에 싫어하는 사람이 있다면 인사하기, 보고하기, 공유하기, 메일 답장 꼬박꼬박 하기 등 업무에 필요한 최소한의 의사소통만 하면 됩니다. 업무에 지장만 없다면 애써 친하게 지낼 필요까지는 없습니다.

스트레스를 받으면서까지 모두에게 호감을 얻으려고 하지 않아도 돼요. 싫은 사람이 있어도 괜찮다는 생각을 가지세요. 스트레스를 쌓아두었다가 상대방을 들이받거나 짜증 내는 일이 없게 마음속으로 잘 넘기려고 노력한다면 그걸로 충분해요.

부드럽게 거절하기

거절하는 것을 두려워하는 사람들이 있습니다. 거절은 상대에게 대항하는 게 아닙니다. 사람들은 흔히 거절하면 미움을 받는다, 사이가 틀어진다, 서먹해진다, 분위기가 나빠진다고 생각하지만 사실이 아닙니다. 거절하지 못해서 이것저것 떠맡고는 나중에 후회하느니 뭐라고 거절할지 고민한 뒤 잘 전달하는 것이 더 현명합니다. 그럼 어떻게 하면 될까요? 무언가를 거절할 때 그냥 "못해요", "안 돼요"라고 하면 말투가 예의 없거나 신경질적으로 느껴지므로 부드럽게 전달하는 배려가 필요해요.

"초대해주셔서 감사합니다. 그런데 다른 일정이 있어서 참석은 어려울 듯해요. 죄송합니다."
"정말 죄송합니다. 지금 진행 중인 일이 있어서 맡을 수가 없는 상황이에요."

제안에 대해 먼저 감사나 사과의 마음을 전한 뒤 거절하는 이유를 설명하거나 대안을 제시하는 식으로 다양한 대답을 준비해두면 원만하게 해결할 수 있습니다.

'칭찬질' 하기

'지적질'이라는 말은 있어도 '칭찬질'이라는 말은 들어본 적이 없을 겁니다. 사람은 원래 다른 사람의 부족한 부분에 눈이 가는 법입니다.

하지만 "이거 틀렸어", "그 버릇은 고쳐야 해" 같은 지적질은 원활한 인간관계를 맺는 데 걸림돌이 됩니다.

사람은 좋은 면이건 나쁜 면이건 주목받은 부분을 더 극대화하는 특성이 있다고 합니다. 따라서 상대방의 좋은 면을 상세하게 적어보기를 추천합니다. 적고 나면 의외로 그 사람에게 좋은 면이 많다는 사실을 깨닫게 됩니다.

누군가와 비교하기보다 그 사람이 잘하거나 열심히 노력하는 부분에 집중하고 그 장점을 상대에게도 말해주세요. 그러면 칭찬받은 장점이 더욱 극대화되겠지요. 장점을 적절한 상황에서 전달하면 관계가 좋아질지도 몰라요.

"왜?" 대신 "어떻게 하면 좋을까?" 묻기

누군가 실수를 했을 때 "왜 그랬어?"라고 물으면 상대는 다그치는 듯한 느낌을 받아 부정적인 감정이 생깁니다. "왜?"라고 세 번이나 연달아 물으면 질문이 아니라 심문이나 취조가 됩니다. 왜 그랬냐는 질문을 던지면 변명을 늘어놓을 수도 있고 도리어 적반하장으로 나올지도 모릅니다.

그러면 상대한테 "왜?"라고 물을 때마다 나도 점점 더 울화가 치밀어 오르겠지요. 서로 나쁜 감정을 드러내면서 분위기가 격해지기도 합니다.

답답할 때는 "어떻게 하면 좋을까?"라는 말을 쓰세요. 이렇게 말하면 다그치는 것이 아니라 상황을 함께 해결하려는 의지가 느껴지게 합니다. 이에 더해 생각이 건설적인 방향으로 향하게 됩니다. "어떻게 하면 좋을까"라는 말을 건설적인 대화의 시작으로 삼아보세요.

근사하게 넘어가기

다양한 사람들과 만나다 보면 말과 행동이 무례한 사람도 있지 않나요? 특히 남이 콤플렉스로 여기는 부분을 서슴없이 지적하면 기분이 나빠질 수밖에 없습니다. 그럴 때 화가 나더라도 공격적으로 대꾸하지 않는 자세가 중요합니다. 반박하면 상대와 사이가 틀어져 더 성가시게 될지도 모릅니다.

누가 "살쪘어?"라고 묻는다면 "어머, 맞아" 하고 가볍게 넘기는 방법도 있습니다. "문서 작성이 엉망이네요" 같은 말을 듣는다면 "그러게요. 도와주시겠어요?" 하고 방향을 바꾸는 방법도 괜찮아요.

상대방이 말을 끊는다면 상대방 이야기가 끝났을 때 "내 얘기 마저 해도 돼?"라고 해보세요. 별로 친하지 않은 사람이 친한 척해서 싫을 때는 일부러 존댓말을 쓰는 것도 방법입니다.

상대의 도발에 넘어가지 마세요! 그들과 다르게 근사하고 우아하게 대처해보세요.

상대를 바꾸려 들지 않기

"팀원에게 무리한 요구를 하고 강압적인 팀장 때문에 너무 힘들어요."

이런 내용으로 상담하는 경우를 자주 접하는데 결론부터 말하면 싫어하는 상대의 행동이나 모습을 통째로 바꿀 수는 없습니다. 나 자신도 바꾸기 힘든데 타인을 바꿀 수는 없지요.

그런데 바꿀 수 없는 타인에게 신경을 빼앗겨 일에 집중하지 못한다면 내 역량을 온전히 발휘하기가 어려워집니다. 들이받고 싶은 마음이 하루에도 수십 번씩 들겠지만 나에게 피해를 주지 않는 선에서는 내버려두는 것이 좋습니다.

상대가 대놓고 신경질을 부려도 과도하게 반응하지 말고 보고와 연락 같은 최소한의 정보만 공유하세요.

어떤 상황에서도 상대를 바꾸려 하지 말고, 내 사고방식과 접근법을 달리하거나 환경을 바꾸어야 분노에서 벗어날 수 있습니다.

팀의 힘 빌리기

다른 사람을 깎아내리는 공격적인 사람은 어느 조직에나 있게 마련입니다.

심리적 안전감(조직 구성원이 어떤 의견을 제시해도 무시나 불이익을 받지 않으리라는 믿음-옮긴이 주)이 보장되지 않으면 회사의 생산성은 떨어집니다. 남을 무시하는 사람이 한 명만 끼어 있어도 많은 사람이 능력을 발휘할 기회를 빼앗깁니다.

공격적인 사람 중에는 "내가 나간 뒤에 이 회사가 엉망진창이 됐으면 좋겠어" 하며 앙심을 품는 사람도 있습니다. 이런 사람의 공격을 받으면 정신이 피폐해지기도 합니다.

이런 사람은 혼자 대응하려 하지 말고 주위 사람에게 알리는 게 좋습니다. 얼른 다른 팀원에게 도움을 청해 혼자 마음고생하는 일이 없도록 하세요. 그런 사람의 공격 대상이 되지 않도록 친절하게 대하되 너무 깊게 지내지 않도록 하세요.

화내지 말고 요청하기

화가 치민다고 해서 상대에게 분노를 그대로 표출하는 사람은 미성숙하게 느껴집니다.

"바보 아냐? 적당히 좀 해!" 같은 식으로 말한다면 서로 불쾌해지기만 할 뿐 상대방의 행동이 개선되지 않습니다.

상대에게 불만이 생겼을 때는 무엇이 마음에 들지 않았는지, 어떤 기분이 들었는지, 그리고 어떻게 해줬으면 좋겠는지 확실하게 전하세요. 말하는 사람도 속이 후련해지고 듣는 사람도 화난 이유를 쉽게 이해할 수 있습니다.

화내는 것을 무조건 나쁘게만 여기기보다 '상대에게 내가 원하는 바를 요청하는 일'이라고 생각하면 말하기가 조금은 편하지 않을까요? 분노는 상대가 해주었으면 좋겠다고 생각한 일이나 당연하다고 믿는 일이 지켜지지 않아 자신이 바라던 대로 흘러가지 않을 때 생겨나는 감정입니다.

그러니 하고 싶은 말이 있다면 화내지 말고 담백하게 요청하세요. 상황을 좋은 방향으로 이끌어갈 수 있을 겁니다.

듣기 불편한 이야기는 분명하게 말하기

눈치 없는 사람이 나의 개인적인 부분을 함부로 건드리면 기분이 나쁘지요. 사람마다 개인적인 영역이라고 여기는 부분이 다르니 조심해야 되는데, 좀 친하다 싶으면 거리낌 없이 그 영역을 침범하고 아무 말이나 하는 무례한 사람이 있습니다.

기분이 나쁜 걸 티내지 않고 받아줘서 내가 불편하게 느낀다는 것을 눈치채지 못했을지도 몰라요. 그러니 그런 말을 듣고 싶지 않다고 나의 의사를 분명하게 전하는 것이 중요합니다.

윗사람이 듣기 불편한 이야기를 할 때도 마찬가지입니다. 침착한 태도로 "그 이야기는 하고 싶지 않습니다"라고 분명하게 의사를 표현하세요.

정중하게 말한다면 분명 진심이 전해질 거예요.

감사의 말 덧붙이기

가족, 친구, 아이 친구 엄마, 직장 상사, 동료 등 어디에나 쓸데없이 참견하는 사람이 있기 마련입니다. 그럴 때 더 이상 간섭하지 말아달라는 뜻을 넌지시 내비치면서 감사의 말을 덧붙이면 무례하지 않게 대답을 거부할 수 있습니다.

"결혼은 언제 해?", "아이는 어떻게 할 거야?" 하고 꼬치꼬치 캐묻는 사람이 있다면 "다 때가 있겠지. 하늘에 맡겨볼래. 신경 써줘서 고마워"같이 대답해보세요.

"가족의 연봉은?", "아이 입시는?", "학력은?"처럼 그다지 대답하고 싶지 않은 질문을 받았을 때는 "열심히 하긴 하는데 난 잘 몰라서...", "애 의사에 맡기려고", "자랑할 정도는 아니에요"처럼 가볍게 피하는 방법도 좋아요.

언짢아하며 되받아치지 말고, 기분 나쁘지 않게 답하면서 고맙다는 말만 덧붙이면 됩니다.

다른 의견 일단 받아들이기

66

사람과 관계를 맺다 보면 자신의 생각이 통하지 않거나 상대와 의견이 다를 때가 많습니다.

그런데 상대가 강한 어조로 받아치거나 "그건 말도 안 돼!", "그런 식이면 실패할 게 뻔해!", "내 말대로 해야 해!"처럼 무시하는 투로 말하면 기분이 상하기도 하지요. 그럴 때는 감정적으로 받아치지 않도록 조심해야 합니다.

상대에게 바로 반박할 필요 없습니다. 자신의 의견을 이해시키는 것이 먼저라는 사실을 잊지 마세요. "네 생각대로 하는 편이 낫다는 말이구나" 하며 일단 받아들이고 나서 "어떤 면에서 실패할 거라고 판단했는지 알려줄래?" 하고 상대의 생각을 이끌어내는 질문을 하거나, 상대가 지적한 부분에 대해 하나하나 답변해보세요.

상대가 무슨 말을 하든 예민하게 반응하지 말고 차근차근 자신의 의견을 이야기하는 연습을 해보세요. 감정이 앞서면 어떤 일도 쉽게 해결할 수 없습니다.

가끔은 남에게 의지하고 맡기기

'남한테 의지하거나 기대는 행동은 자신의 약점을 드러내는 것이다', '다른 사람에게 일을 맡기면 나는 쓸모가 없어진다'고 여겨 감당할 수 없는 일을 떠맡고 힘들어하는 사람이 의외로 많습니다. 여러분은 어떤가요? 다른 사람의 도움이 필요할 때는 솔직하게 이야기해보세요.

"사용법을 가르쳐주실 수 있나요?"
"문제가 생겼는데 잠시만 도와주세요."
"도와주시면 감사하겠습니다."

솔직하게 마음을 털어놓으면 그 사람에게 친근감이 생기고 호감을 느낍니다. 때로는 의지하고 때로는 의지가 되어주다 보면, 서로 도와주는 관계로 발전할 뿐 아니라 좋은 에너지를 주고받게 됩니다. 의지한다는 것은 약점을 드러내는 일이 아니에요. 가끔은 용기를 내서 남에게 의지한다면 혼자 부담을 떠안지 않아도 되고, 주변 사람과 서로 돕는 좋은 관계를 유지할수 있을 거예요.

156

혼낼 때는 솔직하게 이야기하기

"기분을 상하게 하지 않으려면 어떻게 혼내야 할지 모르겠어요."

"혼내본 적이 없어서 잘할 자신이 없어요."

"상대가 상처받을까 봐 걱정돼요."

"갑질이라고 생각할까 봐 조심스러워요."

상대방이 잘못했을 때 어떻게 말해야 할지 몰라 고민인 사람이 많습니다. 예를 들어 제출 기한을 지키지 않은 팀원에게도 "제출일이 지난 것 같은데, 혹시 언제까지 해줄 수 있을까?" 하며 상대의 눈치를 살피는 듯한 말투가 튀어나오기도 합니다.

혼내야 하는 상황에서는 솔직하게 이야기하세요.

혼내기 전에 미리 말할 내용을 정리해서 핵심만 짧게 말하는 것도 좋아요.

"약속한 기한은 지키면 좋겠어요. 다른 사람의 업무 진행에 차질이 생기니까요."

이렇게 구체적으로 말한다면 상대에게 더 잘 전해지겠지요.

분노가 쌓여 폭발할 일도 없습니다.

이유도 말하기

새로운 규칙을 정하거나 상대와의 관계에서 바꾸고 싶은 부분이 있을 때는 그 이유를 말해보세요.

"내일까지 자료를 작성해주세요"라고 용건만 말하기보다 "프로젝트 마감일을 맞추려면 내일까지 자료가 꼭 필요해요. 부탁해도 될까요?"라고 하면 상대가 상황을 이해하기 더 쉽겠지요.

상대를 설득할 때나 행동을 유도할 때도 "~했으면 좋겠어요. 왜냐하면…"처럼 설명을 덧붙이는 것을 잊지 마세요.

사람들은 대부분 이유나 근거를 납득해야 비로소 행동에 옮깁니다. 처음부터 필요한 정보를 확실하게 전하면 쓸데없이 말다툼하거나 화낼 일이 줄어듭니다. 다른 사람을 행동하게 만들 때 필요한 정보가 바로 '이유'입니다.

생각 정리하고 말하기

일할 때 불만, 불안 같은 부정적 감정이 쌓이면, 정작 의견이나 제안을 전달하려고 할 때 자기도 모르게 불평 섞인 말투가 튀어나오기도 합니다.

'다른 사람보다 업무량이 왜 이렇게 많지?', '번거로운 일은 전부 나한테만 시키는 건 아닐까?' 하는 불만과 불안이 점점 쌓이면 "제가 얼마나 힘들었는지 아세요?", "어떻게 지금까지 모를 수가 있어요?"라며 비난하는 투로 말하기 십상이지요.

그러지 않으려면 업무상 의견을 전달할 때는 알아주었으면 하는 게 무엇인지, 어떻게 해주길 바라는지를 미리 정리한 후 전달하세요. 말하고 싶은 내용을 적어서 정리해두면 전하고자 하는 내용이 한결 명확해집니다. 혼자 감당하기 벅차다면 다른 사람과 상의해보세요.

중요한 일일수록 미리 정리해서 차분하게 전달해야 한다는 사실을 기억합시다.

사람을 단정 짓지 말고 사실만 전달하기

화가 났을 때 이런 식으로 말한 적은 없나요?

"맨날 실수를 하는구나!", "꼭 변명을 하지?", "내 말은 왜 한 번도 안 들어줘?", "이게 다 전부 너 때문이야!"

짜증이 났을 때 무심코 이런 표현을 쓰는 사람이 있습니다. 한 가지 사건이 아니라 한 사람에 대해 단정 지어서 말해버리면 상대는 "맨날은 아냐! 제대로 할 때도 많거든!", "과장이 심하네, 멋대로 단정 짓지 마!"라며 방어하거나 반발하기도 합니다.

상대가 고쳤으면 하는 점이 있을 때는 "같은 실수를 세 번이나 했으니, 꼼꼼하게 확인 부탁해", "늦었을 때는 나에게 먼저 사과를 했으면 좋겠어"처럼 상대를 몰아세우지 말고 객관적인 사실만 말해야 한다는 점을 명심하세요.

대화를 승부라고 생각하지 않기

"상대방의 의견에 따라야 하거나 제 의견대로 되지 않으면 진 것 같은 기분이에요"라고 하는 사람들이 있습니다. 이런 상태에서는 대화로 문제를 해결해나갈 수 없습니다. 특히 수직적 구조의 영향을 많이 받은 사람에게 이런 경향이 두드러집니다. 이런 사람 중에는 큰 소리를 치면서 따지면 자신의 요구를 다 들어줄 거라고 생각하며 무례하게 행동하는 경우도 있습니다. 하지만 상대방에게 강압적으로 이야기해서 자신의 주장이 받아들여져 속은 시원할지라도, 다른 사람에게 상처를 주었을뿐더러 원만한 관계를 유지하기 어렵습니다.

혹시 '나도 그런가?' 하고 마음에 걸린다면 의견을 말할 때 이겨야 한다고 생각하지 말고 서로가 기분이 좋아지는 것을 목표로 대화해보세요. 애초에 대화는 승부를 내는 게 아님을 명심하세요.

대화하는 상대와 나에게 믿음 갖기

누군가를 혼내거나 의견을 전달할 때 '얘기해봤자 또 이러겠지' 하는 마음으로 대하면 말하지 않아도 상대에게 그 생각과 감정이 전해집니다.

소통을 잘하는 사람은 상대가 내 마음을 알아주리라는 믿음을 가지고 고쳤으면 하는 점을 이야기합니다. 신뢰를 바탕으로 소통할 때 정말로 알아주었으면 하는 점이 상대방에게 잘 전달됩니다.

그뿐 아니라 나 자신을 신뢰하는 마음이 있어야 다른 사람과도 좋은 관계를 맺을 수 있습니다. 그래야 나에게 결점이나 부족한 부분이 있더라도 상대와 동등한 입장에서 소통할 수 있기 때문입니다.

믿음을 갖고 대화하세요. 쓸데없이 분노에 휘둘리지 않고 좋은 관계를 만드는 데 밑거름이 될 거예요.

감정 헤아리기

누군가 나에게 화를 낼 때는 그 사람의 마음속 깊은 곳에 있는 감정을 들여다보세요.

분노 이면에는 불안, 초조, 걱정, 슬픔, 외로움, 당황 등 다른 감정이 숨어 있습니다. 이런 감정이 해소되지 않으면 분노의 형태로 표출하기도 합니다.

상대의 감정에 공감하지 않으면 상대의 화를 가라앉히려고 단순히 사과만 하거나 해결책만 제시하고 끝낼 수 있습니다.

하지만 그렇게 하면 진정한 해결에 이르지 못합니다. 감정을 들여다보고 공감하는 과정이 빠지면 상대가 "넌 내 마음을 하나도 알아주지 않아!" 하고 대화를 끝내버릴 수 있습니다. 그 사람의 화만 부추기는 꼴이 된 셈이지요.

말다툼이 일어났을 때는 먼저 "나 때문에 불안했구나", "갑작스러운 일에 걱정했겠다" 하고 상대의 마음 깊은 곳에 있는 감정을 헤아려보세요. 대화도 훨씬 편해질 거예요.

공감하는 말 덧붙이기

계속 화를 내며 쉽게 분노를 가라앉히지 못하는 사람에게 "너무 열 내지 마. 그렇게까지 화낼 일도 아니고…"라며 진정시키려고 한 적 있나요? 이렇게 말하면 상대방은 자신의 기분을 이해해주지 않는다고 생각하기 때문에 화가 더욱 심해질 뿐입니다.

사람마다 강한 분노를 느끼는 일은 모두 다릅니다. 나에게는 별거 아닌 일이라도 상대에게는 그렇지 않을 수도 있습니다.

화를 내는 사람에게 "너한테 그 정도로 중요한 일이었구나" 하고 공감하는 말을 건네면서 달래보세요.

하지만 "완전 짜증 나겠다. 나였어도 열받아" 하며 상대방 감정에 동조하면서 같이 화를 내선 안 됩니다. 그러면 분노가 더 심해져 가라앉지 않으니 조심하세요.

단호하게 한마디로 말하기

나이를 불문하고 공격적이거나 위압적인 상대에게 어떻게 대하면 좋을지 상담하는 사람이 많습니다. 공격적이거나 위압적인 상대한테 휘둘리지 않고 냉정하게 대처하려면 어떻게 하는 게 좋을까요?

답은 결론을 한마디로 전달하는 것입니다.

"~에 대해서는 ~하다고 생각합니다", "죄송하지만 ~해서 받아들이기 어렵습니다" 등 짧은 문장으로 전하고자 하는 내용을 딱 잘라 말해보세요. 그런데도 상대방이 또다시 무언가를 주장하며 반박하려 들면 "죄송하지만 그건 어렵습니다"라고 다시 이야기하세요.

상대가 '강하게 몰아붙여도 이 사람은 단호하네. 더 세게 얘기해봤자 달라지지 않겠구나'라고 생각하게 만드는 것이 좋습니다. 단호하게 대처하는 것이 장황하게 이야기하며 타이르는 방법보다 효과가 훨씬 좋습니다.

무례한 사람에게는 단호한 태도를 보이며 짧은 문장으로 간결하게 전달하는 연습을 하는 것도 필요합니다.

'나'를 주어로 말하기

의견이나 감정을 전달할 때나 상대에게 바라는 점이 있을 때는 '나'를 주어로 말하세요. '너'를 주어로 해서 전달하면 상대방을 탓하는 듯한 인상을 줍니다.

"요즘 똑같은 실수를 반복하는데, 네가 집중력이 부족해서 그래"라고 말하는 대신 "요즘 똑같은 실수를 반복하는데, 내가 보기엔 집중력이 부족한 것 같아"라고 하고, "왜 너는 시키는 대로 안 해?" 하기보다 "나는 네가 이렇게 해주었으면 좋겠어"라고 바꿔보세요.

이처럼 '나'를 주어로 두면, 생각이나 바라는 점을 부드럽게 말하게 되고 오해 없이 전달할 수 있습니다. '너'보다 '나'를 주어로 의견이나 감정을 전달하는 습관을 키우세요.

먼저 받아들이기

자신과 의견이 다른 사람을 내 편으로 만들고 싶을 때는 그 사람의 의견을 먼저 수용한 후 내 의견을 전합니다. 상대방의 의견에 "그렇긴 한데…", "무슨 말씀인 줄은 알겠지만…"같이 반박부터 하면 아무리 맞는 말이라도 자신의 의견을 받아들이지 않는 사람의 이야기는 듣고 싶지 않다는 반발심이 생깁니다.

"A씨는 그렇게 생각하시는군요. 그 이유를 물어봐도 될까요? 저는 ~라고 생각하는데 어떻게 생각하세요?"

이처럼 일단 상대방의 의견을 수용한 다음 자신의 의견을 전달해보세요. 상대방의 의견을 들어준다면 상대방도 당신의 이야기에 귀 기울이고 당신 편이 되어줄지도 몰라요.
먼저 상대방의 의견을 받아들여야 한다는 점을 기억해두세요.

살짝 신경 쓰이는 일도 이야기하기

사소한 일로 은근히 신경을 건드리는 사람이 있습니다. 살짝 신경 쓰이는 정도라 말을 해도 되는지 애매합니다.

"신입 사원이 인사할 때 아무 말 없이 고개만 까딱 숙여서 매일 아침 신경이 쓰여요", "상사가 거래처 이름을 자주 틀려요. 거래처 직원 앞에서 틀리면 큰일이라 조마조마해요", "팀원이 자꾸 저를 별명으로 불러요" 등 솔직하게 말할까 싶다가도, 사소한 일에 집착하는 속 좁은 사람으로 보일까 망설여지기도 합니다.

사소한 일 같지만 계속 신경에 거슬린다면 내가 중요하게 생각하는 부분일 수도 있습니다.

나의 감정에 솔직하게 내가 중요하게 여기는 그 '신경 쓰이는 일'을 말해보면 어떨까요? 쌓아두었다가 화를 터뜨리지 말고 웃으면서 얘기할 수 있을 때 미리 말하는 게 서로에게 좋으니까요.

5 장

기분을
좋아지게 하는 방법

상담 상대 찾기

누구나 혼자서는 해결할 수 없는 일에 짜증이나 답답함을 느낄 때가 있습니다.

어떻게 하면 좋을지 누군가 조언해주거나 그저 들어주기만 해도 마음이 진정되고 문제가 뭔지 생각이 정리되기도 하지요.

다만, 상담 상대를 잘못 선택하면 역효과가 납니다. 내 감정에 쉽게 동조하는 상대는 함께 화를 내다 오히려 화를 부추기기 때문에 피해야 합니다. 이야기를 꺼내자마자 이때다 싶어 남을 험담하거나 자기가 화났던 일을 늘어놓는 사람 역시 상담 상대로 적합하지 않습니다. 공감하고 함께 고민해주는 사람을 고르는 것이 좋습니다.

만일 주변에 상담할 사람이 없다면 전문가에게 상담을 받는 방법도 있습니다. 그저 조언을 받는 자리라고 편하게 생각하면 됩니다.

좋은 상담 상대를 찾아 분노를 쌓아두지 말고 털어내세요.

아침 햇볕 받기

세로토닌은 마음을 안정시키는 행복 호르몬입니다. 기쁨과 쾌락에 관여하는 도파민과 공포와 불안에 관여하는 노르아드레날린의 균형을 맞추어 마음을 안정시킵니다. 그래서 세로토닌 분비량이 줄어들면 짜증이 늘고 기분이 나빠질 수 있습니다.

멜라토닌은 수면과 관계된 호르몬으로 분비량이 늘면 졸음이 오고 줄면 잠이 잘 오지 않습니다. 새벽에 감수성이 풍부해지는 것, 날씨가 흐리거나 비가 올 때 우울해지는 것 모두 멜라토닌과 연관이 있습니다.

세로토닌과 멜라토닌은 햇볕에 영향을 많이 받는다는 공통점이 있습니다. 아침에 햇볕을 쬐면 세로토닌이 늘어나 마음을 안정시킬 수 있고 멜라토닌 분비량은 줄어들어 잠에서 깨어나게 됩니다.

아침에 일어나 15~30분 정도 햇볕을 쬐는 걸로 충분하니 아침 햇볕 쬐는 것, 잊지 마세요.

바나나와 콩 제품 챙겨 먹기

세로토닌을 늘리는 간단한 방법을 소개할게요.

아침 식사로 세로토닌 분비량을 증가시키는 성분을 함유한 바나나 또는 콩 제품을 섭취하는 것을 추천합니다. 특히 바나나에는 세로토닌을 만드는 데 필요한 모든 영양소가 들어 있습니다. 조리할 필요 없이 간편하게 먹을 수 있으니 아침 식사로 딱입니다.

두부, 낫토, 된장, 간장 등 콩 제품에도 많이 들어 있는데, 두부된장국이나 콩가루 우유처럼 두 가지 재료를 섞으면 세로토닌을 늘리는 효과가 더욱 커집니다. 그 외에도 유제품, 땅콩을 비롯한 견과류, 붉은 살 생선, 붉은 고기, 달걀, 메밀 등에 함유되어 있습니다. 탁월한 분노 관리 효과가 있는 식품이니 꼭 챙겨드세요.

느긋하게 차 마시기

짜증이 날 때는 한숨 돌릴 겸 느긋하게 티타임을 갖는 방법도 효과적입니다.

여유가 있을 때는 잠시 카페에 들러 차 한잔 마시는 걸로 기분을 전환하세요. 업무 중에도 틈틈이 자리에서 일어나 커피를 내리거나 맛있는 차를 마시며 휴식을 취하면 좋습니다.

특히 커피와 차 향기에는 마음을 편안하게 해주는 성분이 있어 기분을 전환하는 데 도움이 됩니다. 커피 향을 맡으면 편안할 때 나타나는 뇌파인 알파파가 나온다는 사실이 연구를 통해 증명되었습니다.

그러니 나쁜 감정이 올라올 때는 차를 마시며 휴식을 취해 자신을 소중히 돌보는 시간을 가져보세요.

일정은 여유롭게 잡기

"실수를 반복하는 저 자신에게 짜증이 나요."

아무리 철저히 준비해도 실수를 아예 하지 않는 것은 불가능한 일입니다. 실수를 자주 하는 가장 흔한 이유는 바쁘고 피곤하기 때문입니다. 실수가 잦아진다 싶으면 일단 남아 있는 일정을 확인하세요.

조절할 수 있다면 일정을 무리하게 꽉꽉 채우지 않도록 합니다. 문제가 생겼을 때 대처하기 쉽도록 쓸 수 있는 시간의 최대 75~80% 정도만 잡아 여유롭게 일정을 짜세요.

또 바쁠 때일수록 충분히 자야 한다는 점도 잊지 마세요. 수면 부족은 서서히 피로를 유발하고 실수를 반복하게 만듭니다. 수면도 일의 일부라 생각하고 일찍 잠들고 충분히 자는 습관을 들여 나에게 여유를 선물해보세요.

열심히 일한 나에게 휴식 주기

"주말에 늘어져 있는 제가 한심해요."

스스로에게 엄격해서 조금만 풀어져도 화가 나는 사람은 뒹굴뒹굴하거나 쉬는 행동을 게으르다고 여깁니다.

하지만 언제나 최선을 다해 살아갈 수는 없습니다. 생산성을 높이려면 휴식이 필수입니다. 해야 할 일보다 이미 해낸 일에 집중해보세요.

'이 시간 안에 이걸 끝냈구나.'

'쉬는 날이라 모처럼 책장을 정리했어.'

'오늘은 방을 다 치웠어!'

성실한 사람일수록 해낸 일이 많겠지요.

또 왜 이 일을 하고 있는지, 이를 달성한 후에는 무엇이 기다리고 있는지 생각해보면 자신이 하는 일의 가치를 다시금 확인하게 되면서 자연스레 의욕도 솟아납니다. 항상 무언가 생산적인 일을 해야 한다는 강박을 버리고 가끔은 빈둥빈둥하는 자신도 너그럽게 봐주세요.

자기 몸 돌보기

자기 몸을 돌보는 방법은 다양하고 사람마다 제각각입니다. 자신을 기분 좋게 하는 것은 사람마다 다르지만 화가 나거나 피곤하다고 생각될 때는 우선 휴식을 취하세요.

화로 가득 차 있으면 근육이 뻣뻣하게 굳고 뭉치기 때문에 다양한 관리를 통해 몸을 풀어주는 것이 좋아요. 그중에서도 마사지를 추천합니다. 필요하다면 지압, 마사지, 피부 관리 등에 시간과 돈을 투자해도 좋아요. 요즘은 마사지도 종류가 다양하니 자기에게 맞는 것을 찾아보세요. 마사지 기구를 사용하거나 스트레칭을 해도 좋아요.

몸부터 소중히 여겨야 마음도 편해지고 화도 가라앉지 않을까요?

화로 가득 차 지쳐버리기 전에, 고생한 몸을 풀어주고 자신을 소중히 돌보는 시간을 가져봅시다.

기분이 밝아지게 하는 옷 고르기

옷 색깔이 기분에 미치는 영향은 생각보다 큽니다. 어두운색 옷이라고 안 좋은 건 아니지만 그런 옷만 계속 입으면 어느새 마음이 칙칙해지고 주변 사람도 기분이 가라앉습니다.

왠지 모르게 기분이 가라앉는 때일수록 일부러 원색 계열의 밝은 옷을 입어보세요. 심리학에서는 빨간색을 보면 기분이 좋아지고 파란색을 보면 마음이 진정된다고 이야기합니다. 그래서 침실 커튼은 파란색 계열로 고르라는 사람도 있습니다. 주황색은 식욕을 돋우고 활기를 심어주며 노란색 역시 매우 밝고 긍정적인 느낌을 주지요. 밝은색 옷을 입고 거울에 비친 모습을 볼 때나 옷장을 열 때 한눈에 들어오는 밝은색 옷을 보면 자연스럽게 기분이 좋아집니다.

비가 내리는 우중충한 날에도 일부러 밝은색 옷을 입거나 화려한 색깔의 우산을 챙겨 기분을 바꿔보세요.

피부와 머리카락 관리하기

나이가 들면서 수분을 잃어 피부가 거칠거칠해지거나 머리카락이 푸석푸석해져서 신경 쓰인다는 사람이 적지 않습니다.

사람은 나이를 먹으면서 얼굴과 피부에 변화가 생기거나 머리카락이 가늘어지는 것이 당연합니다. 하지만 이 점이 짜증의 씨앗이 되기도 합니다. 늙어가는 걸 인정하고 싶지 않은 마음도 있겠지요.

그래서 별것 아닌 것 같아도 피부와 머리카락을 관리하는 시간이 마음에 여유를 줄 수 있습니다. 생각날 때 한 번씩 깨끗이 관리하기만 해도 기분이 산뜻해집니다. 바쁘더라도 시간을 내서 피부와 머리를 가꾸는 것은 자신을 돌보기 위해서도 중요합니다. 이렇게 자신을 돌보다 보면 마음까지 편해지는 것을 느낄 수 있습니다.

짧은 시간이라도 피부와 머리카락을 관리하는 시간을 가져보세요. 사람을 대할 때 자신감도 훨씬 높아지지 않을까요?

날마다 사용하는 가방에서 가끔씩 물건을 모두 꺼내 정리하곤 하나요?

가방 안이 뒤죽박죽이면 물건을 찾기도 힘들지만 다른 사람이 보기에도, 내가 보기에도 좋지 않습니다.

가방 안 상태가 마음속을 나타내는 듯한 느낌이 들기도 하지 않나요? 짜증이 날수록 마음을 가다듬는다는 생각으로 가방을 정리하면 좋습니다.

집에 돌아오면 일단 가방 안에 든 물건을 모두 꺼내세요. 같은 가방만 사용하다 보면 아무래도 쓸데없는 물건이 늘어나기 마련이라 여러 개를 번갈아서 쓰는 것도 가방 안을 깨끗하게 유지하는 요령 중 하나입니다.

지갑은 또 어떤가요? 영수증과 포인트 카드로 가득 차 있지 않나요? 가방과 더불어 지갑을 주기적으로 정리하는 것도 기분이 좋아지게 하는 습관입니다.

방 정돈하기

화내지 않는 방법

90

100

방이 어수선하면 마음도 어수선해지는 법입니다.

방이 어질러져 있으면 물건을 찾는 일부터 짜증을 불러일으킵니다. 그리고 짜증이 날 때 방이 어질러져 있으면 괜히 더 짜증 나는 듯한 느낌이 들지 않나요?

짜증이 나거나 마음에 걸리는 게 있을 땐 가구 배치를 바꾸거나 불필요한 물건을 모두 버려 기분을 바꿀 필요가 있습니다.

반년에 한 번이라도 쌓아둔 서류부터 시작해 필요 없는 물건과 쓰지 않는 물건을 정리해보세요. 쓸만한 물건은 다른 사람들에게 나눠주거나 기부하는 것도 좋습니다. 이렇게 물건을 정리하고 필요한 물건만 남으면 마음이 상쾌해집니다.

짜증이 나면 일단 방을 정리해보세요. 정리하다 보면 짜증도 잊은 채 정리 정돈에 몰두하게 되어 스트레스를 푸는 데 도움이 됩니다.

정돈된 공간에서 편안히 쉴 수 있다면 화가 날 일도 줄어들 겁니다.

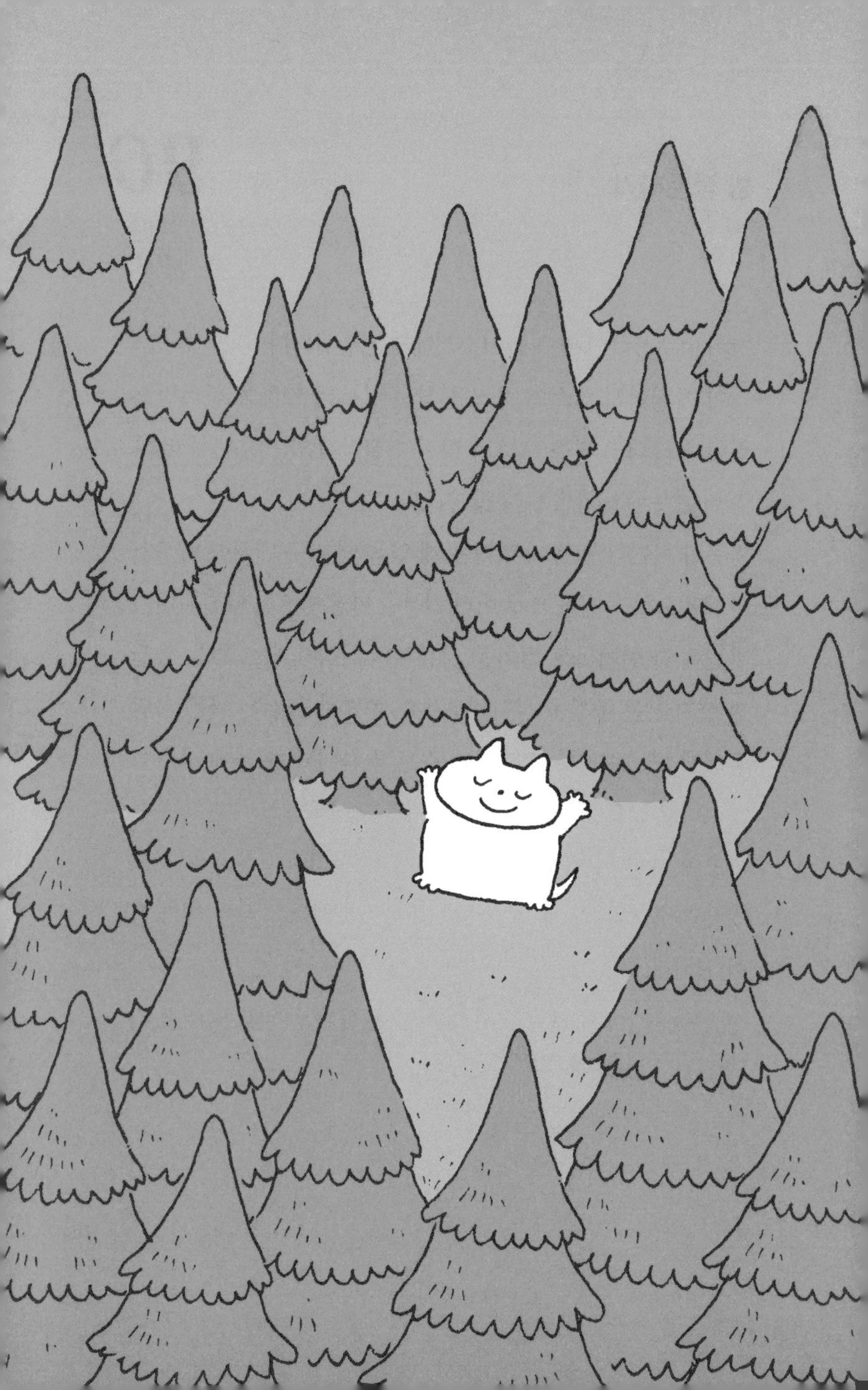

자연에 몸 맡기기

녹색은 생명력을 상징합니다. 그래서 녹색을 바라보기만 해도 마음이 편안해질 뿐 아니라, 초록 빛깔 자연에 몸을 맡긴 채 심호흡을 하거나 한가로운 시간을 보내면 에너지가 충전됩니다.

가끔 짬을 내 대자연에 몸을 맡겨보세요. 시간이 없을 때는 나무가 있는 가까운 공원에 가서 느긋하게 경치를 바라보는 정도로도 충분해요. 삼림욕을 하면 스트레스 호르몬이 줄어들고, 혈압과 맥박도 안정됩니다.

자연이 보이는 가게나 카페에 가서 여유롭게 시간을 보낸다거나 관엽식물을 집에 두는 것도 추천합니다. 손쉽게 기분 전환할 수 있는 방법입니다.

식사 시간 즐기기

짜증이 난 채로 혼자 대충 밥을 먹다 보면, 언짢은 기억이 떠올라 음식을 음미하는 것이 아니라 그저 입에 꾸역꾸역 넣는 나를 발견하게 됩니다. 음식의 풍미를 제대로 느끼며 식사 시간을 즐기는 것은 삶을 풍요롭게 만드는 데 아주 중요한 일입니다. 가고 싶던 맛집을 찾아가거나, 좋아하는 사람과 함께 밥을 먹으러 가거나, 근사한 음식을 주문하는 것만으로도 갑자기 긴장이 풀리고 기분이 전환되기도 합니다.

식사 시간은 사람을 행복하게 만드는 만큼 신경질 나고 답답한 마음을 달래고 싶을 때, 매일매일 고생하는 자신에게 주는 포상의 의미로 가끔씩 외식을 즐겨보세요. 천천히 맛을 하나하나 느끼면서 좋아하는 음식으로 식사를 즐긴다면, 여유를 되찾으면서 짜증 나는 일이 서서히 줄어들 거예요.

신발 소중히 대하기

신발의 앞꿈치와 뒤꿈치 부분을 그다지 신경 쓰지 않는 사람도 있겠지만 사실 의외로 눈에 띄는 부분입니다. 특히 뒤꿈치가 닳았거나 모양이 망가진 운동화를 신는 사람이 있는데, 남들이 보기에도 좋지 않습니다. 자주 사용하는 부분이기에 더욱 관리가 필요합니다.

'좋은 신발이 좋은 곳으로 데려다준다'는 말이 있듯 가급적 소중히 다루세요. 신발이 더러우면 자신도 소중히 대하지 않을지도 몰라요. 항상 툴툴대는 사람을 보면, 사람이든 물건이든 함부로 다루지 않던가요?

매일 사용하는 물건인 만큼 자기 몸의 일부라고 생각하고 관리하면 좋겠지요. 신발뿐 아니라 가지고 있는 물건을 깨끗이 유지하면 '자, 오늘도 힘내자!'라는 느낌으로 마음을 다잡을 수 있습니다.

기분 전환 삼아 깨끗하고 반짝반짝거리는 새 신발을 신는 것도 추천합니다.

손 아름답게 관리하기

손을 아름답게 관리하면 그것만으로도 기분이 좋아집니다.

기분을 내기 위해 마음에 드는 네일 아트를 받고 나면, 손톱을 볼 때마다 너무 예뻐서 절로 기분이 들뜨기도 하지요. 네일 아트까지는 아니더라도 적어도 손톱이 지저분하지 않은지, 너무 길지는 않은지 정도는 신경 쓰는 것이 좋습니다.

어떤 동작을 할 때마다 손은 쉽게 시야에 들어옵니다. 다른 사람도 자신도 자주 보는 곳인 만큼 깔끔하지 않으면 신경이 쓰일뿐더러 기분에도 영향을 미칩니다. 남들이 볼 때도 좋지 않습니다. 그 감정이 나에게도 부정적인 영향을 미칠 수 있지요.

언짢은 일이 있을 때, 잠시 숨을 고를 겸 향기로운 핸드크림을 발라보세요. 은은한 향기가 퍼지면서 요동치던 마음이 저절로 가라앉습니다. 한숨 돌리면서 짜증을 끊어낼 만한 단순한 행동을 하는 것만으로 분노에 휘둘리지 않게 됩니다.

목욕 시간 즐기기

바쁘다는 핑계로 샤워만 하기 일쑤지만, 짜증이 나거나 마음
이 답답할 때일수록 욕조에 따뜻한 물을 받아 천천히 목욕을
해보세요.

좋아하는 입욕제가 있다면 향기와 감촉을 만끽하는 것도 추천
합니다. 기분이 좋아지게 하는 향기가 나는 보디 워시나 로션
을 사용해도 좋아요. 좋은 향기에 둘러싸여 여유롭게 목욕하
면 몸도 마음도 치유됩니다.

자기 전에 목욕할 때는 너무 뜨거운 물보다는 40℃ 정도의 목
욕물에 30분쯤 느긋하게 몸을 담그는 게 효과적입니다.

아무 생각 없이 목욕에 집중하면 스트레스가 해소되고 피로도
풀립니다. 목욕 시간을 휴식 시간으로 삼아 즐겨보세요.

꽃 한 송이 장식하기

꽃은 시각, 후각, 촉각 등 여러 감각을 통해 뇌를 활성화합니다. 꽃을 보거나 꽃향기를 맡으면, 편안할 때 나타나는 뇌파인 알파파가 많이 나온다고 합니다. 그래서 스트레스를 완화하고 분노나 적대감을 낮추는 효과가 있습니다.

꽃은 현관, 거실 탁자, 주방 옆같이 눈에 잘 띄는 곳에 두면 좋습니다. 기분이 처질 때는 활기를 주는 밝은 노란색이나 주황색 꽃을 추천합니다. 세련된 느낌을 주고 싶을 때는 분홍색 꽃이 좋아요.

계절에 따라 즐길 수 있는 꽃 종류도 다르므로 계절에 맞게 그때그때 꽃을 바꾸어 마음을 풍요롭게 하면 어떨까요?

꽃이 많을 필요는 없어요. 한 송이라도 좋으니 우선 장식해보세요. 꽃의 힘으로 마음이 치유될 거예요.

향기 즐기기

대뇌에서 감정을 담당하는 부분에 직접 전달되는 유일한 감각
이 후각입니다.

짜증이 나거나 스트레스받을 때는 좋아하는 향을 맡아보세요.
기분을 전환하는 향기나 좋아하는 향기를 맡으면 뇌가 자극되
어 즉각적으로 즐거워집니다.

아로마를 활용하는 방법도 추천합니다. 라벤더, 마저럼, 베르
가모트는 불안을 가라앉히는 효과가 있습니다. 마음에 드는
향수를 뿌리거나 자신이 좋아하는 향의 핸드크림을 바르거나
향기로운 방향제를 쓰기만 해도 마음이 편안해집니다. 심호흡
하면서 천천히 향기를 음미해보세요.

엄청난 향기의 힘으로 기분이 전환되는 것을 느낄 수 있을 거
예요.

15분간 낮잠 자기

우리는 생각보다 뇌를 많이 사용합니다. 매일 방대한 정보를 접하고 처리하다 보면 자기도 모르게 스트레스가 쌓여 예민해지기 쉽습니다.

이를 해소해주는 것이 바로 낮잠입니다. 낮잠이 몸에 좋다는 사실은 여러 연구를 통해 증명되었습니다. 낮잠으로 집중력을 높이고, 스트레스는 줄이고, 기억력을 높이는 효과를 얻을 수 있습니다.

오후 1~4시에 15분 정도 낮잠을 자면 효과가 가장 좋은데 뇌가 상쾌해져 활동하기 수월해집니다. 15분 정도의 짧은 선잠을 일컫는 파워 냅은 수면 효과를 극대화한다고 알려져 있습니다.

낮잠을 자기 직전에 커피를 마시는 사람도 있습니다. 커피를 마시면 카페인이 몸속을 돌다가 약 15분 후 효과를 발휘하므로 딱 적절한 타이밍에 눈이 떠지기 때문이지요. 효과적인 낮잠 방법을 마련해보세요.

최고의 하루 연기하기

화가 나거나 짜증을 느끼는 일 없이 하루를 평온하게 보낼 수 있다면 얼마나 좋을까요? 모든 문제가 해결되어 홀가분해하는 모습을 상상하며 표정, 태도, 말투를 부드럽게 하려고 신경 써보세요.

너그럽게 행동했을 때 주위에서 어떤 반응을 보이는지, 어떤 변화가 생기는지 관찰해보세요. 자신이 달라지면 상대의 반응은 물론 상대와의 관계까지 달라집니다. 관찰하다 보면 차이를 실감하게 된답니다.

먼저 하루 동안만 너그럽게 행동해보세요. 다른 사람을 대하는 방식도 바꿔봅니다. 말하는 것도 의식해서 바꿔보세요. 그렇게 최고의 하루를 연기하다 보면 현실도 정말 달라진다는 사실을 경험하게 될 겁니다. 주변 사람과 관계가 좋아질 뿐만 아니라 온종일 화를 내지 않고 하루를 보내는 일이 얼마나 값진지 느낄 거예요.

평온한 하루를 위한 습관 들이기

분노로 가득 차지 않고 기분 좋게 하루를 보내려면 매일 실천하는 사소한 습관이 도움이 됩니다.

하루를 기분 좋게 보내려면 아침에 일어나 침대를 정리하라는 말이 있습니다. 이렇게 하루를 작은 성취감으로 시작하면 그날을 알차게 보낼 수 있습니다.

목욕으로 기분 전환을 해도 좋습니다. 마음에 드는 입욕제를 넣고 욕조에 몸을 담근 채 눈을 감습니다. 그러고는 잡생각을 하지 않고 '지금, 여기'에 집중합니다.

생각이 이리저리 흩어질 때는 느긋하게 심호흡하세요. 잠들기 전에는 "오늘도 멋진 하루를 보내게 해주셔서 감사합니다" 하고 감사의 마음을 되새기는 방법도 추천합니다.

자신의 기분을 스스로 조절하는 것은 그리 어렵지 않아요. 하루를 기분 좋게 보내기 위해 부담이 되지 않는 가벼운 습관들을 만들어보세요. 어느새 그 습관들이 쌓여 나에게 기분 좋은 하루를 선물해줄 거예요.

맺음말

이 책을 끝까지 읽어주셔서 감사합니다.

어떠셨나요?

읽으면서 분노를 다스리는 방법을 알게 되었나요?

분노의 본질과 대처법 강연을 들은 분들이 나중에 이런 이야기를 전해주시곤 합니다.

"분노를 느끼면 저를 탓하는 버릇이 있었다는 사실을 깨달았어요."

"저를 소중히 여기지 않고 항상 뒷전으로 미뤄서 화를 더 키우고 있었나 봐요."

"인간관계로 고민하는 일이 훨씬 줄어들었어요."

"그러고 보니 요새 화를 잘 내지 않는 것 같아요."

"기분이 좋아지게 하는 습관을 실천하고 있어요."

매일 많은 사람의 고민을 듣다 보면

화에 대해 잘 몰라서 어떻게 다뤄야 할지 모르겠다고

이야기하는 분들이 생각보다 많다는 사실을 깨닫습니다.

바쁘게 살아가다 보면 짜증이 나기 쉽지만, 그런 매일이 이어질수록 자신의 생활을 되돌아보았으면 합니다.
만약 너무 자주 화가 난다면 지쳤다는 신호일지도 모릅니다. 5장에서도 소개했듯 조금 여유로운 시간을 가져보시길 추천합니다.

화가 나는 것은 결코 나쁜 일이 아닙니다.
분노가 치밀 때, 때로는 솔직하게 감정을 전하고 때로는 가볍게 넘기면서 치밀어 오르는 감정을 잘 다루면 됩니다.
제가 이 책에서 소개한 방법을 전부 실천할 필요는 없습니다.
할 수 있는 것부터 실천해보세요.

마지막으로 WAVE출판의 후쿠시 유 씨, 사일러스 컨설팅의 호시노 도모에 씨에게 많은 도움을 받았습니다. 덕분에 100가지 방법을 하나하나 선정하는 일부터 즐겁게 책을 만들 수 있었습니다. 진심으로 감사드립니다.

여러분이 행복한 하루하루를 보내기를 진심으로 기원합니다.

2023년 3월, 도다 구미(戸田久実)

맺음말

참고 문헌

1) 고바야시 히로유키(小林弘幸), 『'화내지 않는 몸' 만드는 법―자율신경을 정돈하는 짜증 해소 프로그램(「怒らない体」のつくり方―自律神経を整えるイライラ解消プログラム)』, 쇼덴샤(祥伝社), 2014

2) 안도 슌스케(安藤俊介), 『앵거 매니지먼트 실천 강좌(アンガーマネジメント実践講座)』, PHP비즈니스신서(PHPビジネス新書), 2018

3) 도다 구미(戸田久実), 『일하는 여성의 품격(働く女の品格)』, 마이니치신문출판(毎日新聞出版), 2018

4) 도다 구미(戸田久実), 『항상 화내는 사람과 잘 화내지 않는 사람 모두가 읽는, 그림으로 이해하는 앵거 매니지먼트(いつも怒っている人も うまく怒れない人も 図解アンガーマネジメント)』, 간키출판(かんき出版), 2016

화는 인간과 떼려야 뗄 수 없는 자연스러운 감정입니다.

그러니 화라는 감정을 부정할 필요는 없어요.

화를 좋지 않은 감정이라고 생각하기 쉽지만 분노를 느끼거나

화를 내는 행위 자체는 절대 나쁜 것이 아닙니다.

억지로 누르기보다 화를 잘 내는 것이 포인트입니다.

자신이 어떻게 느꼈고 어떻게 해주었으면 좋겠는지

알 수 있도록 상대방에게 전달하세요.

- 본문 중에서 -

OKORANAI 100 NO SHUKAN
by Kumi TODA
ⓒ Kumi TODA 2023, Printed in Japan
ⓒ Illustrations Naoto HIDAKA
한국 번역 copyright ⓒ 2024 by Gilbut Publishers
First published in Japan by WAVE Publishers Co., Ltd.
Korean translation rights arranged with WAVE Publishers Co., Ltd.
through Imprima Korea Agency.

화가 사르르 풀리는 책

초판 발행 · 2024년 7월 30일
초판 2쇄 발행 · 2024년 12월 2일

지은이 · 글 도다 구미, **그림** 히다카 나오토
옮긴이 · 서재리
발행인 · 이종원
발행처 · (주)도서출판 길벗
출판사 등록일 · 1990년 12월 24일
주소 · 서울시 마포구 월드컵로 10길 56(서교동)
대표 전화 · 02)332-0931 | **팩스** · 02)323-0586
홈페이지 · www.gilbut.co.kr | **이메일** · gilbut@gilbut.co.kr

편집 팀장 · 민보람 | **기획 및 책임편집** · 방혜수(hyesu@gilbut.co.kr) | **제작** · 이준호, 손일순
마케팅 · 정경원, 김진영, 조아현, 류효정
유통혁신 · 한준희 | **영업관리** · 김명자 | **독자지원** · 윤정아

디자인 · 최주연 | **교정** · 이정현, 박수영 | **CTP 출력 · 인쇄** · 상지사 | **제본** · 신정문화사

ISBN 979-11-407-0989-2(03180)
(길벗 도서번호 020240)

정가 16,800원

독자의 1초까지 아껴주는 길벗출판사

(주)도서출판 길벗 | IT교육서, IT단행본, 경제경영서, 어학&실용서, 인문교양서, 자녀교육서 www.gilbut.co.kr
길벗스쿨 | 국어학습, 수학학습, 어린이교양, 주니어 어학학습, 학습단행본 www.gilbutschool.co.kr